了不起的
头脑M体操
银河系终极探险

〔日〕多湖辉 著 〔日〕水野良太郎 绘 安伊文 译

人民文学出版社

著作权合同登记：图字 01-2022-5009 号

ATAMA NO TAISOU DAI 10 SHUU
GINGA ADVENTURE·TOUR HE YOUKOSO

© Akira TAGO,2014
All rights reserved.
Original Japanese edition published by Kobunsha Co., Ltd.
Publishing rights for Simplified Chinese character arranged with Kobunsha Co.,Ltd. through KODANSHA LTD., Tokyo and KODANSHA BEIJING CULTURE LTD.Beijing, China.

图书在版编目（CIP）数据

银河系终极探险 /（日）多湖辉著；（日）水野良太郎绘；安伊文译. -- 北京：人民文学出版社，2023
（了不起的头脑体操）
ISBN 978-7-02-017632-8

Ⅰ.①银… Ⅱ.①多… ②水… ③安… Ⅲ.①儿童故事 - 图画故事 - 日本 - 现代 Ⅳ.①I313.85

中国版本图书馆CIP数据核字(2022)第224234号

责任编辑	卜艳冰　杨　芹
装帧设计	汪佳诗

出版发行	人民文学出版社
社　　址	北京市朝内大街166号
邮政编码	100705
印　　制	山东临沂新华印刷物流集团有限责任公司
经　　销	全国新华书店等
字　　数	85千字
开　　本	787毫米×1092毫米　1/32
印　　张	6
版　　次	2023年1月北京第1版
印　　次	2023年1月第1次印刷
书　　号	978-7-02-017632-8
定　　价	39.00元

如有印装质量问题，请与本社图书销售中心调换。电话：010-65233595

前　言

欢迎进入《了不起的头脑体操：银河系终极探险》。

回顾过去，可以说，在相当长的一段时间里，我本人也和"了不起的头脑体操"一起，不断踏上创造性思考的新旅途。来自无数读者的激励或是挑战的邮件，鼓舞我一步又一步地前进，一集又一集进行新的尝试。最终，不知不觉来到了"银河系"。

可能有人知道，最初出版的时候，《了不起的头脑体操：来锻炼脑筋吧》我原本打算只出版一集，没想到如今集数已经到了两位数，真是令人难以置信。

本集的标题是"银河系终极探险"，这是一次让创造性思考发展到宇宙中的尝试。让我们从比人类历史更早的太阳系开始，享受头脑的冒险之旅吧。

最后，向在本书写作过程中给予我巨大支持和帮助的目玉创作室的小野寺绅先生，致以诚挚的谢意。此外,热心读者们的意见和建议,也给了我相当大的启发,在此一并致谢。

多湖辉

目　录

开幕词——为了冲出宇宙的"大逆转的创想" …… 1

1. 飞船启程 …… 9
2. 无重力的冒险 …… 35
3. 超光速挑战 …… 59
4. 闯入黑洞 …… 83
5. 十万光年的跳跃 …… 107
6. 遭遇异世界 …… 135
7. 从银河归来 …… 163

开幕词——为了冲出宇宙的"大逆转的创想"

让我们从一个天才的故事开始讲述吧。

19 世纪末,有一个热爱科幻的少年,他最喜欢看的是一个名叫凡尔纳的人创作的长篇小说《从地球到月球》,特别是对其中描写怎么去月球旅行的部分兴趣盎然。

书中所描述的方法是制造一颗巨大的空心炮弹,人可乘坐在炮弹中,借助大炮的强大推力,将炮弹发射到月球上去。

任谁听到这样的话,都会持怀疑态度,认为这种事情是不可能发生的。

别说炮弹不可能到达月球,就说人乘坐在炮弹里,也根本不可能经受得起那样的冲击力。

拥有常识的人将这样的想法归结为痴人说梦!

但是,这个少年并没有让自己的思考在此中止。

然后,一个伟大的创意诞生了。正是这个创意,成就了幻想世界的大逆转。

少年是这么思考的：

  人类乘坐在大炮中，如果炮弹是向地球发射的话，利用炮弹的反作用力，大炮不就能飞向月球了吗？并且，如果炮弹是一级一级向前推进的，那么人类受到的冲击力也一定能够减弱。

六十多年后，阿波罗宇宙飞船正是使用这个方法，使人类飞向宇宙的理想变为了现实。

这个少年的名字叫哥达德（1882-1945），美国物理学家、火箭工程学家，被尊称为"火箭之父"。

的确，哥达德们正是"了不起的头脑体操"脑力运动爱好者的老前辈啊。（摘自《银河旅行》，石原藤夫著）

此次的标题"银河系终极探险"，也是为了不让这种孩提时代的、天才的自由幻想消失。

现代人所认为的"常识"，最初也是"怪人们"的异想天开

当我们获得了某一知识后，便会以该知识为前提去思考许多事情。而在被传授这一知识之前，尽管没有求证过事实是否如此，但大多都会认为"理所当然，理应如此"。

但是不要忘了，即便是现在我们认为理所当然的知识，最初也不过是那些被世人认为是"怪人"的天才们的异想天开。

现代社会是人类有史以来发展速度最快的时代。生存在这个时代中的我们，在面对浩瀚无边、日新月异的信息时，反应的速度究竟能多快，始终是围绕我们的课题。

不知道从什么时候开始，"自己从问题的源头开始思考"的习惯不见了。而本系列丛书，正是要帮大家找回这一习惯。

此外，已经体验过"了不起的头脑体操"的人，也需要对自己的头脑进行每年一次的大扫除。

如果对自己的发散思维能力有足够了解，并且时时加以自查和修理，就能够让自己的头脑始终保持足够的柔软度。

能否拔掉"常识之栓"

让我们来看一下这道题。

【问题】有一个葡萄酒瓶，瓶口有一个软木塞。不巧的是，此时周围没有开瓶器。不能把酒瓶打碎，也不能在软木塞上钻孔，请问怎么才能喝到瓶中的葡萄酒？

怎么样？答案应该很简单吧？

热心的读者可能发现了，其实这道题在十四年前出版的《来锻炼脑筋吧》的开幕词中，就已经出现过了。

现在正在看本书的读者们，即使之前没见过这道题，恐怕也能马上回答出："把软木塞推进瓶子里就可以了。"但是对于当时的人来说，能想到这一点还是有些难度的。

原本，葡萄酒瓶的软木塞就是为了拔出来的，如果不把它拔出来，就没有办法喝到酒……要摒弃诸如此类的"常识"，并不是件容易的事情。

单纯依靠学校里的学习，是无法开发创造性思考力的。因此，当时我就在想，能不能做一本想象力训练的入门书籍，如果能再将智力问答题有效地运用起来就更好了。

结果是，"了不起的头脑体操"汇集了数百万的读者。

虽然现在有了更多智力书可供选择，但是仅从本系列丛书的读者来说，头脑的柔软性确实得到了极大的提高。

这次，终于到了"银河系终极探险"。

本集想必会给第一次接触"了不起的头脑体操"的读者带来巨大的头脑冲击，即使已经接受过"了不起的头脑体操"洗礼的人们，也定会感受到新的头脑刺激，为头脑注入新的活力。

创造性思考的冒险，从打破"常识"开始。这次，让我们着眼于浩瀚的宇宙吧。

展开想象力的翅膀，超越星虹

美丽的星星一闪一闪，沿着各自的轨道，安静而不慌不忙地旋转着……当我们想到曼妙的宇宙时，通常浮现在脑海中的是这样一幅唯美安静的画面。但事实上，宇宙才不是这样的呢！

爆发的行星、被撕扯的银河、不知道将飞向哪里的飘荡物体……宇宙中无时无刻不显现自然的威力。

也因此，宇宙中充满了各种神秘的现象。

想象一下，我们乘坐宇宙飞船，以准光速在宇宙中航行。宇宙飞船的前方，出现了一条被称为"星虹"的光。

由于多普勒效应，星光呈现赤橙黄绿青蓝紫七种颜色，以飞船行进的方向为中心，聚成一个巨大的圆圈。

这种在宇宙空间里的星虹现象，也属于幻象吧。未知的宇宙中，到底蕴藏着多少奥秘呀！

而我认为这个"星虹"，从某种意义上来说，象征着我在"了不起的头脑体操"中所提倡的发散思维法。

正是由于以准光速来航行，所以星星们才变成了"星虹"，而实际上，星星本身并没有发生任何改变，不是吗？

发生改变的只是人们看它们的立场和视角。

这一次，本书中为大家准备的冒险，也被"星虹"所干扰。

无论你是一个人静静思考，还是和朋友、时间竞争，这是你的自由。但是希望大家认认真真、仔仔细细地对待每一道题，只依靠自己的力量去寻求正确的答案。

当这场银河的冒险之旅结束的时候，你的发散思维力定能超越遥远夜空中所能看见的星座。

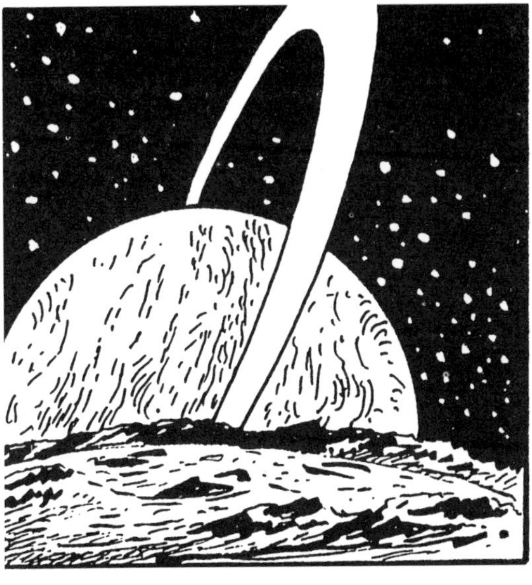

1. 飞船启程

出发的时刻迫在眉睫!

在出发前,我想提醒各位:

本次旅行等待我们的是以往常识、经验无法通用的世界。

一旦飞出地球这个对我们来说是"舒适圈"的"家",能保护我们的只有自己的大脑和身体了。无论发生什么事情,只能迅速,并且灵活地去应对,别无他法。

希望本次旅行能使大家有所收获。

问？题

　　如图所示，这是一个形状呈直角三角形的笼子，里面住了一头老虎。为了再容纳一头豹，需将笼子一分为二。要尽量不浪费面积，并且尽可能让老虎和豹有同样大的地方，笼子该怎么分割？

答案

上下分割就行。

☆来自银河的消息

　　这道题考验你的思考能不能瞬间达成从平面向立体飞跃。

问？题

真治君收到了一件好玩的礼物：一个冻在冰块里的火箭玩具。真治君将它放进冰箱的冷冻室后，就出去旅行了。他三天之后回来打开冰箱，大吃一惊。如图所示，冰块还是冻结着，可是火箭的方向改变了。真治君不在的时候，没有任何人触碰过它，这到底是怎么回事呢？

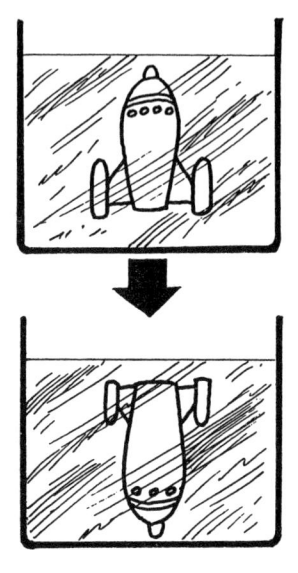

答案

真治君不在的时候，有过长时间的停电。

冰融化成水，火箭玩具的尖端部分比较重，使玩具在水中翻转了一圈。之后，电来了，水又结成了冰。

☆来自银河的消息

魔术一定有窍门。再意外的结果，通常也能找到它的原因。经常进行这样的逻辑思考训练，说不定哪一天，你就会突然产生一个好的创意呢。

问?题

如图所示,是个罗马数字"9"。只加一根线,让它变成"6"。注意,纸不能折叠。

答案

如下图所示，都是正解。

SIX (英语的 6)

I X 6 (1X6=6)

☆来自银河的消息

"S"也好，"6"也好，都只是"一根线"。能把"线"的意思从直线扩展出去的人，头脑的运动神经可谓超群。

问?题

真崎君是个喜欢恶作剧的孩子，特别擅长画文字脸（へのへのもへじ）①。今天手工课的时间，他又偷偷在一摞五百张图画纸上画上了文字脸。奇怪的是，老师却一点儿没有注意到。这是为什么？真崎君画的文字脸，可不是小到眼睛都看不到的那种哦。

---

①用へのへのもへじ这几个假名作为基本形状，描画出人的面部图形。据说在日本的江户时代很流行。

答案

真崎君在一摞图画纸的侧面画上了文字脸。因此,老师没有注意到。

☆ **来自银河的消息**

在睡着的朋友的眼皮上涂鸦……能想到这样困难重重的恶作剧的,说是头脑体操达人也不为过。

问？题

几日前，孝昌君第一次和父母开启了海外之旅。对这一家三口来说，异国之地充满未知，语言不通的父母成天提心吊胆、坐立不安，只有孝昌君和平时没什么两样，和在国内时一样自在。这是为什么？

答案

因为孝昌君还是个小婴儿呢。

☆来自银河的消息

　　受海外旅行、语言不通等信息的干扰,如此简单的答案也不是每个人都能想到。题目将孝昌君作为主角,让人很难联想到他是个小婴儿。

问？题

桥本先生有一项特殊的技能,他能把三支烟蒂重新做成一支新的香烟。因此,如图所示,一包十支的香烟,他最终能抽十四支。看到这一切的伊藤先生,也有和桥本先生相同的技术,他拿出一包十支的香烟,却抽到了十五支。请问这是怎么回事?

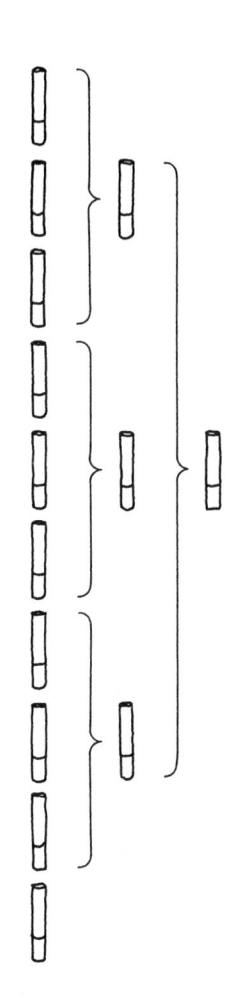

答案

　　他与桥本先生同样，抽完十四支以后只剩下两支烟蒂。他向桥本先生借来一支烟蒂，又做成了一支香烟。抽完这支之后，他将抽剩下的烟蒂归还桥本先生。

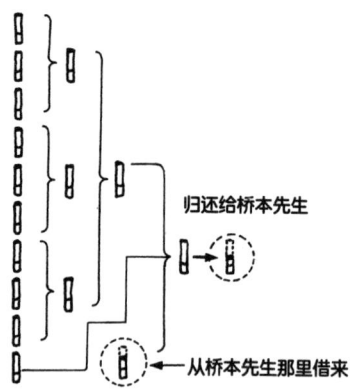

归还给桥本先生

从桥本先生那里借来

☆来自银河的消息
　　伊藤先生后抽烟，才能做到。

问？题

设计师小孝接到了一项任务,要设计电车车厢通道的广告。他设计了两套方案。客户看了以后,果断选择了A方案,放弃了B方案。请问客户选择A方案的理由是什么?

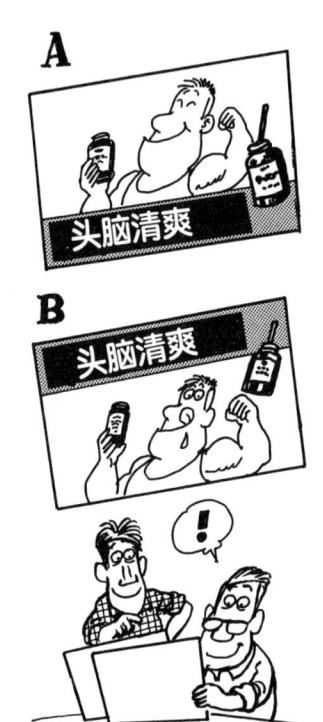

答案

思考一下电车车厢里的状况，如果采用的是B方案，商品的名称被其他广告遮挡，陷入视觉死角的可能性比较大。

☆ 来自银河的消息

这是一道考验观察力的题。对此题束手无策的人，请试着在平时上学、上班的途中，重新仔细观察一下见惯了的风景。

问?题

小彻每次装睡的时候都会被哥哥识破:"喂,小彻,又在装睡了吧!我一看就知道!"说中率是100%,小彻觉得很奇怪。请问他的哥哥是怎么做到的呢?

答案

因为每次小彻睡觉时,哥哥说的都是这一句。如果哥哥猜错,也就是小彻真正睡着的时候,小彻当然不知道。

☆来自银河的消息

这又是一道从小彻的视角出发的题。保持多角度的思考,是避免落入别人陷阱的关键。

问？题

开始踏入社会工作的道雄君，因为一个人住，觉得洗衣服真是件麻烦事。于是他买了一堆衬衫和内裤。数了数，衬衫36件，内裤42条。

衬衫和内裤穿了一天之后就要替换，请问道雄最长多少天得洗一次衬衫和内裤？

答案

41 天洗一次。

内裤每天要替换。衬衫的话,不去公司上班的周六和周日不用穿。还有,得留一条内裤给洗衣服的那一天穿哦。所以是 41 天。

☆ **来自银河的消息**
　　这是从刚踏入社会工作的人那里受到启发而出的题。
　　说不定有人周末在家还一丝不挂呢。

问?题

道雄君一边看着马拉松大赛的照片,一边解释说:"这位选手是第一名。身后五米处的是第二名。第一名和第二名之间的是第四名,紧跟在第二名身后的是第三名。"

他说的是拍照时运动员们的排名,这到底是怎么回事呢?四位选手沿跑道跑的时候,并没有迟一圈的情况发生。

答案

照片是在前三名运动员跑过折返点之后不久拍摄的。

☆来自银河的消息

在关于顺位排列的题目中，能想到或许有人是朝相反方向跑的人，那真是了不起。不要被语言文字所蒙蔽。

问?题

雅史君买了一盒蚊香。每一盘蚊香燃尽需要一个小时。想用这种蚊香计时45分钟,该怎么办?

答案

　　首先，将一盘蚊香的两端同时点燃，并另取一盘蚊香将一端点燃。当两端点燃的那盘蚊香燃尽的时候，把只点燃一端的那盘蚊香的另一端也点燃。当这盘蚊香也燃尽的时候，恰巧就是45分钟。

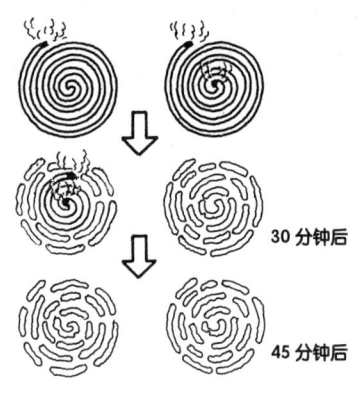

30分钟后

45分钟后

> ☆来自银河的消息
> 　　沙漏问题的另一种形式，想到两端点火是关键。

银河休息室
问 题

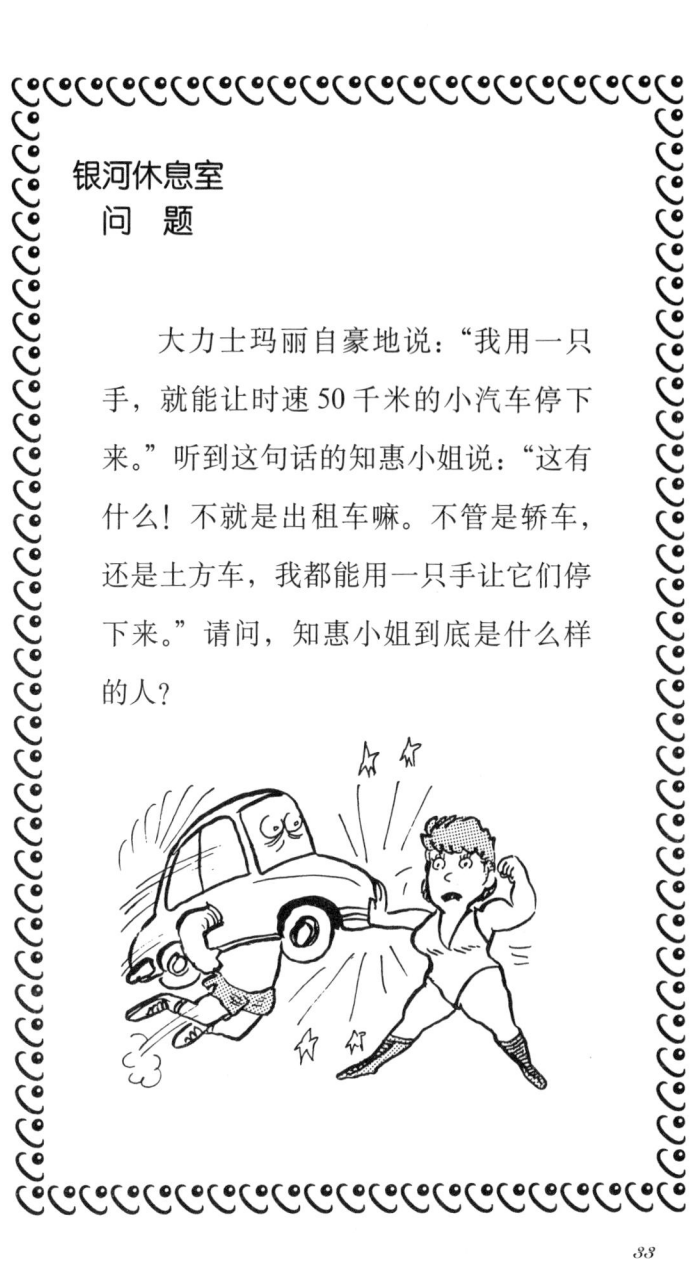

大力士玛丽自豪地说:"我用一只手,就能让时速50千米的小汽车停下来。"听到这句话的知惠小姐说:"这有什么!不就是出租车嘛。不管是轿车,还是土方车,我都能用一只手让它们停下来。"请问,知惠小姐到底是什么样的人?

银河休息室
回　答

知惠小姐是名女交警，没有司机敢无视她的指挥。

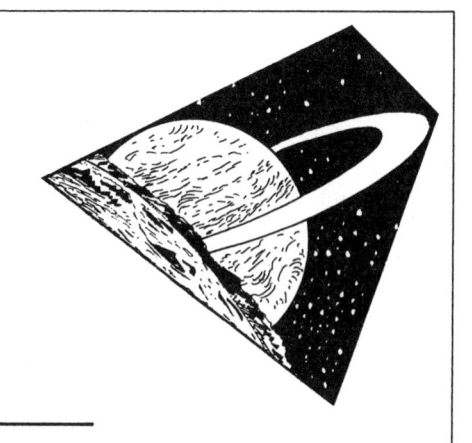

2. 无重力的冒险

||||||||||||||||||||||||||||||||||||

往杯中倒水，水就注入了杯子。

用脚在地面使劲蹬，就能够跑起来。

这类简单至极的动作，一旦进入无重力的世界，就很难办到了。

如何能够比别人更快一些？解决问题的关键在哪里？要正确控制前进的方向，就需要冷静的判断，以及实施的勇气。

在需要紧急决断时，面对如此压力，头脑的哪些功能需要加把劲？如何平衡大脑的各个方面？希望大家一边思考这些问题，一边继续解答后续的问题。

||||||||||||||||||||||||||||||||||||

问？题

某个国家有一个独断专行的国王。国王喜欢新鲜的玩意儿，任何传入这个国家的新物品，都必须让他先使用。他发布命令："在我购买某物品之后，一个月内任何人不得购买该物品。"汽车、洗衣机、冰箱等，无不如此。但是有一件物品，他买了之后，立即动员其他人："快买！快买！"请问那是什么物品？

答案

电话机。

☆来自银河的消息

和汽车、洗衣机、冰箱之类的东西不同,如果没有其他人一起使用电话机,那么国王的电话机毫无用处。并且,拥有电话机的人越多,国王的电话机也能更有用。

问？题

如图所示，豆馅团子的豆沙馅是包裹在里面的。有没有可能，不咬破外面的皮，也不钻孔，就能吃到里面的豆沙馅？

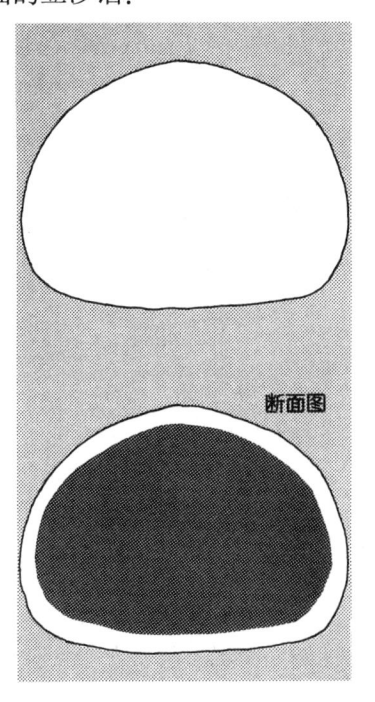

断面图

答案

在包团子的时候,把人包在豆沙团子里,做一个巨大的团子。

☆来自银河的消息

能突破团子正常大小的"常识"的人,大脑可谓相当柔软。虽然这样的答案会引起各种各样的争论,但这的确也是一种解决问题的方法,不是么?

问？题

　　铃木君和中村君总在空手道的练习场上比赛用抹布擦地，看谁擦得快。铃木君的速度比较快，与中村君相比，同一时间内擦完的面积之比总是5:4。某一次，比赛结果突然反转，变成了5:6。到底发生了什么情况？两个人的速度并没有发生任何变化。

答案

中村君使用的抹布是原来的 1.5 倍宽。

☆**来自银河的消息**

根据题目给出的条件,判断遗漏了什么,反过来猜想出题者的意图。在需要迅速判断的时候,这种逻辑模式很起作用。

问?题

　　小胜君要参加某所学校的入学考试。他从这所学校的学长那里借来了应对考试的问题集。这本问题集的每道题，都有从1到5的选项，前辈使用的时候，在答案上画了○。在做题时，这个○的记号总会影响小胜。用橡皮擦掉○，还是会留下痕迹。请问有什么好办法吗？

答案

事先将问题集的所有选项都画上○。

- ☆来自银河的消息
- "推不开的话就拉",这是古典的思维转换术。将问题反过来思考,立即就能找到解决问题的办法,这样的例子并不鲜见。

问?题

在浴室砌砖的父亲，对来帮忙的小城君提出了一个问题："一块砖，长10厘米，宽12厘米，厚度为5毫米。将它们砌成一块没有缝隙的正方形，需要几块砖？"小城君怎么回答比较好呢？

答案

20块。如图所示排列。

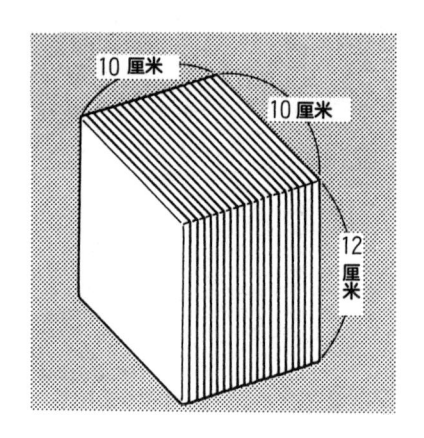

☆来自银河的消息

这是从《来锻炼脑筋吧》开始就数次登场的立体思考的问题。这道题能不能答出来,可以判断出你是否掌握"了不起的头脑体操"的思维方式。

问？题

Z国发生了8级大地震,受灾情况相当严重。广播里不断地播放各地的受灾情况以及人员伤亡情况。

"我的孙子应该没事吧。"清水老先生全神贯注地听着电台里的广播。友人问他是否听到了他孙子的消息,"没有,"清水老先生回答道,"但是,我的孙子没事。"请问,他是怎么知道的?

答案

广播电台里的播音员,正是清水老先生的孙子。

☆来自银河的消息

戴着眼镜找眼镜,攥着钱包找钱包,有过这样经验的人,应该马上就能明白吧。"怎么会是这样的!"所谓"灯下黑",正是思考的盲点吧。

问？题

小畅从他的理科老师那儿得到了一种花的四块球根。据说那些球根会以同样的速度长大，并在同一天开出同样大小的花。"在花开的时候，想要任何一朵花与其他三朵都是等距离的，该怎么栽种这些球根？"老师问。小畅能做到吗？

答案

能。在如图所示的正四面体的四个顶点上将球根栽种下去就可以。

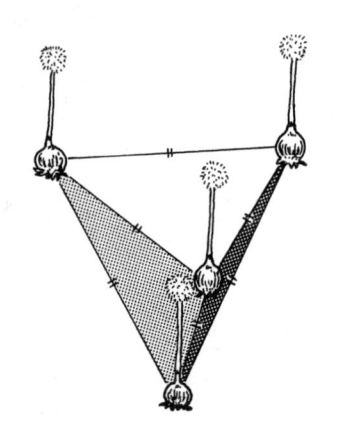

☆来自银河的消息

在空间的移动上，三次元的想象能力是必需的。能立刻想出答案的人，是本次银河之旅的优等生。

问？题

有一天，安田先生犯了个大错误。当着太太的面，他从西装口袋中抽出手的时候，不小心把口袋里的借款单、赛马的马券和前女友的照片带了出来。安田先生慌了神，为了不让太太发现，他可以用两只手分别隐藏一个东西。他隐藏什么东西，对避免夫妇吵架最有效呢？

答案

太太的右眼和太太的左眼。

> ☆来自银河的消息
>
> "两只手分别隐藏一个东西"是本题的干扰点。右眼与左眼，确实是两个东西呀。站在本题主人公的立场多想想，不要慌。

问？题

下图的线段 AB 和线段 CD 是平行的。但是，黑田君说，他只要在上面加三条直线，就能让它们看起来不平行。这到底该怎么做呢？当然，AB 与 CD 本身不能有任何修改。

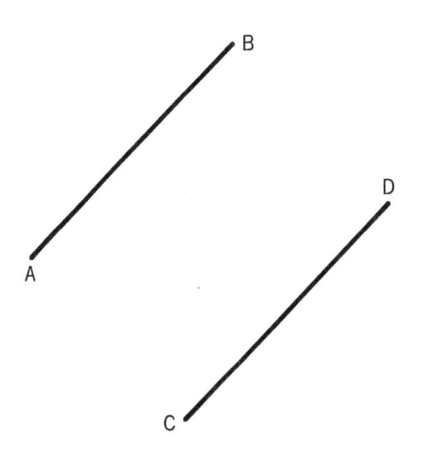

答案

如图所示，画出一个四面体的立体图即可。

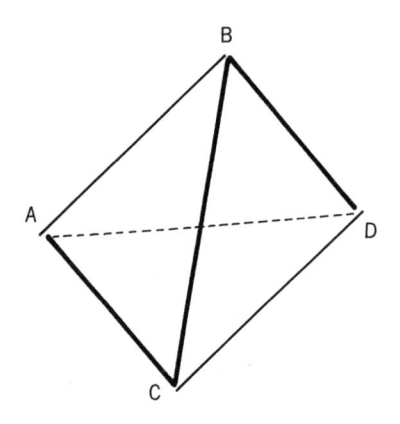

☆ 来自银河的消息

仍然是一道"立体思考"的问题。如果还是毫无头绪，那么在无重力的宇宙中是无法生存下来的哟。

问？题

王右卫门氏要从A国去B国。途中有一个岔路口，道路在此一分为二。沿其中一条走，可以到达B国，沿另一条路走，会回到A国。两条岔路上各有一个指路机器人，询问一次需要1万日元。回A国那条路上的机器人说的是真话，而通向B国的那条路上的机器人只会说假话。并且，机器人只能听懂A国话。王右卫门氏会说的A国话只有两句："从这里去是A国吗？"和"从这里去是B国吗？"想要尽可能少花钱，并尽可能快点儿知道哪条是通往B国的道路，怎么办比较好？

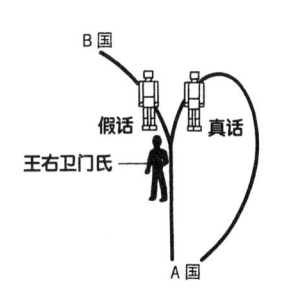

答案

王右卫门氏指着他刚刚过来的那条,用他会说的任何一句话提问都可以。比如,他问:"从这里过去是 B 国吗?"如果机器人回答"是的",则沿着这个机器人所在岔路方向走即可。如果机器人回答"不是",则沿另一条岔路方向走。

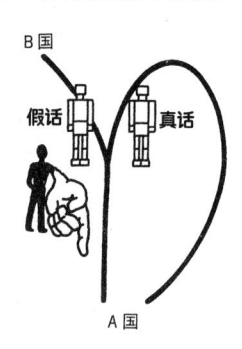

- ☆来自银河的消息
  用这个办法的话,只需要问一次,只花 1 万日元。越是喜欢智力题的人,越是难答出。因为会觉得好像在哪儿见过类似的题,一旦掉以轻心,便落入了巨大的陷阱中。

银河休息室
问 题

用火柴棒搭成的小猪①,从养猪场逃了出来,被抓回来之后的样子是②。请移动四根火柴棒,表达出小猪接下来的状态。

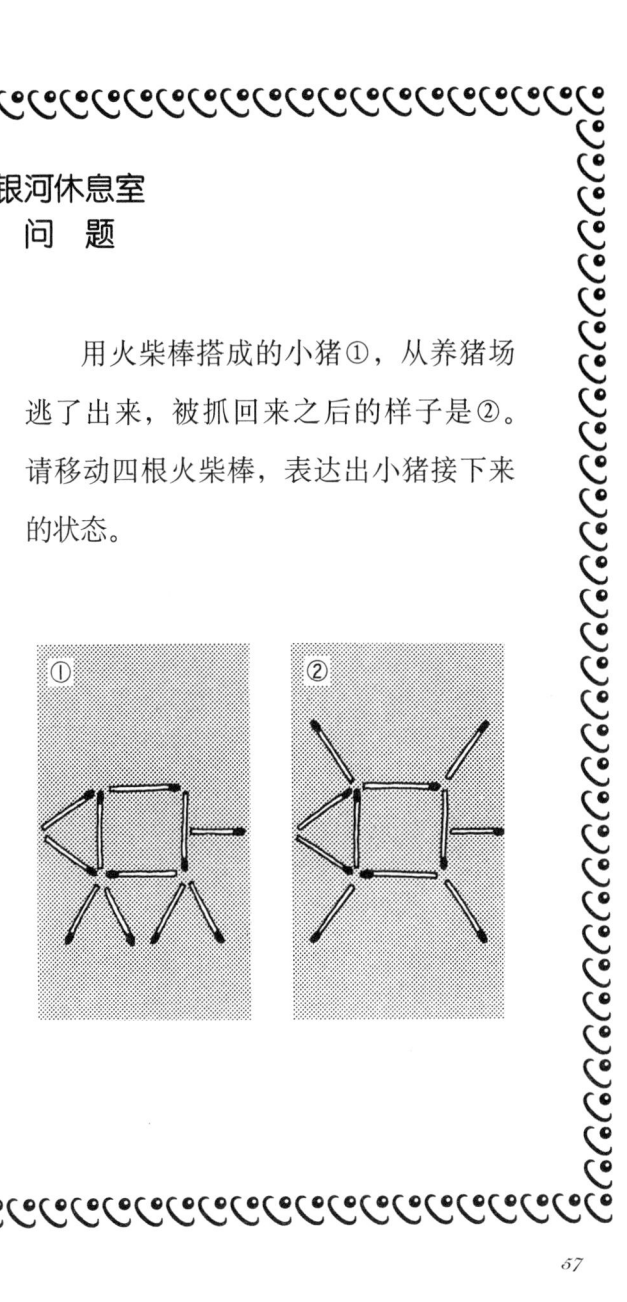

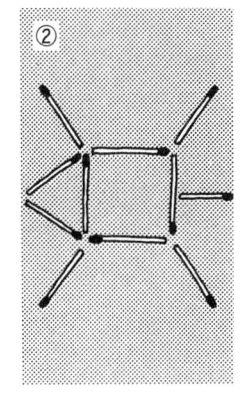

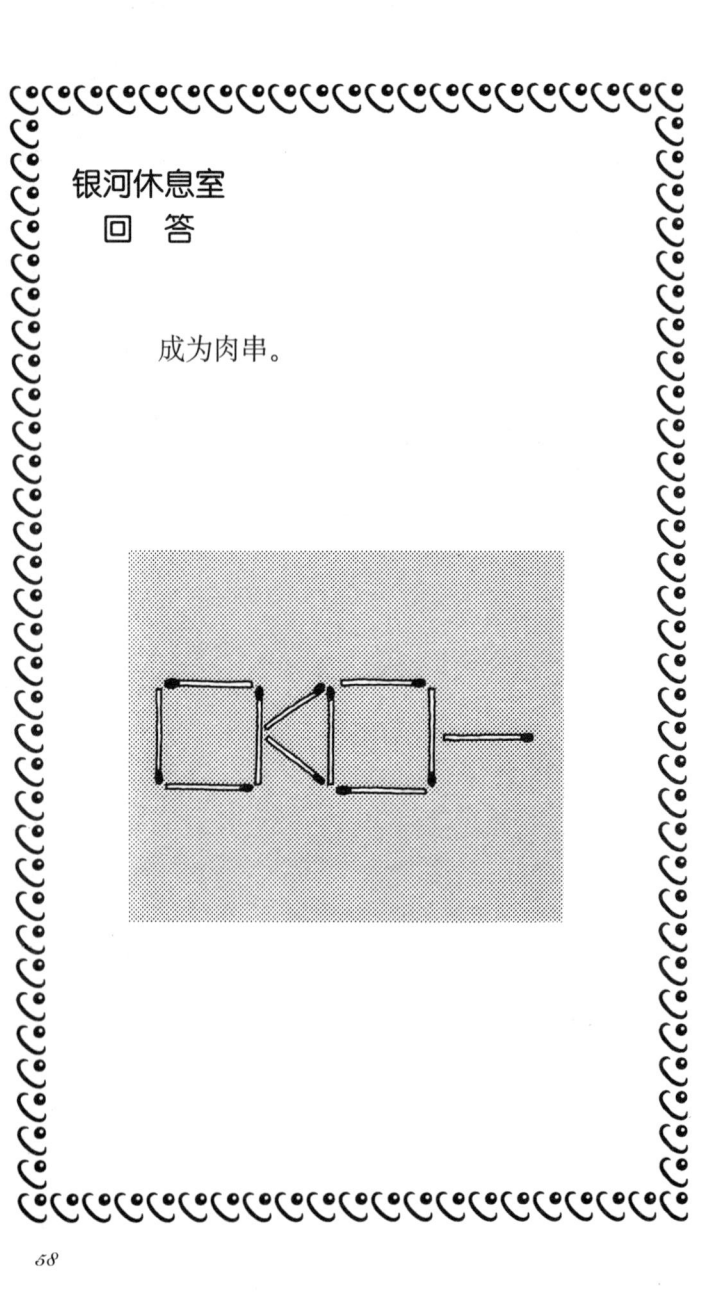

银河休息室
　回　答

成为肉串。

3. 超光速挑战

||||||||||||||||||||||||||||||||||||||

人类的历史，就是不断向速度挑战的历史。

从马匹到火车、汽车，再到飞机……随着交通工具越来越发达，地球也变得越来越小了。

本章节中，为了能在银河系中自由自在地飞翔，想让大家挑战一下超光速。

在超光速的世界中，空间是不规则的，时间流逝的速度也会发生变化。但是，即使在这种扭曲的空间里，只要你能找到正确的方法，仍然能自由行动。

自由的思考，能让不可能成为可能。

||||||||||||||||||||||||||||||||||||||

问？题

在幼儿园里做老师的小惠，遇到了一个难题。她用准备好的小卡片教小朋友们认识形状时，却被问道："那心形是什么样的形状呢？"卡片只有〇、□、△三种。请问有什么办法吗？

答案

将○的卡片向内对折，然后从斜下方看去即可。

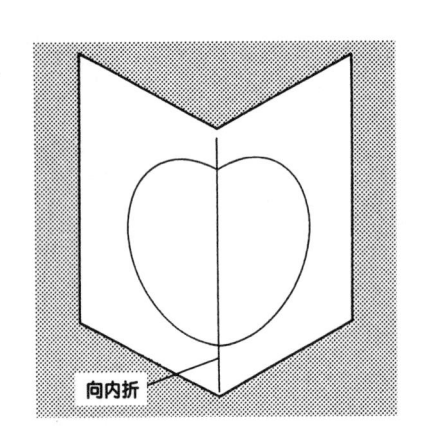

向内折

☆来自银河的消息

"这只不过是眼睛的错觉。"会这么说的一定是大人，小孩子看万花筒也会觉得极有意思。希望这份好奇心一直都被保留着，不要失去。

问?题

根据一项调查，在日本各地，许多人会在同一时刻，说同一种从出生以来一次都没有说过的外国话。你能解释一下这种奇怪的现象吗？

答案

在电视或广播中，正在播放外国语的讲座，大家跟着一起做发音练习呢。

- ☆来自银河的消息

  地球上住着约七十亿人口[①]。想象一下，现在，除自己以外的人们在想什么，是不是也挺有意思的？

---

①此数字是本书在日本首次出版时（2014年）的全球人口总数。

问题

有一条狗被一根10米长的绳子拴在了木桩上。以木桩为中心，狗的正对面站着小隆君。狗想要追上他并咬到他。狗比小隆君跑得稍快一些，小隆君当然不想被追上。他在以木桩为中心的十米半径的圆周上跑，怎么才能让狗咬不到他？

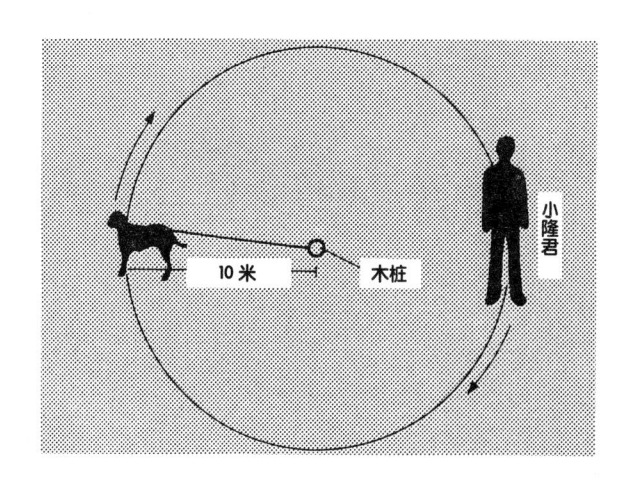

答案

狗绳拴在木桩上，以下图的方式打结。这样，狗沿着圆周跑，狗绳就绕在木桩上，狗越跑绳越短。

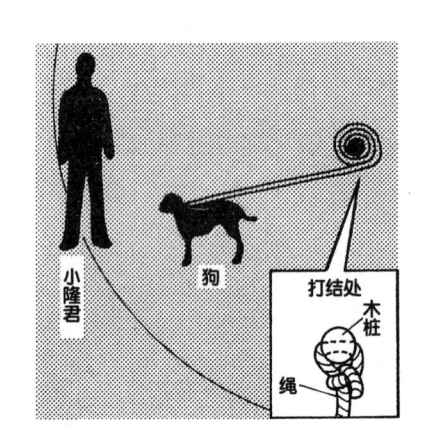

☆ 来自银河的消息

"这条狗没有牙齿""让狗跑到气绝身亡"之类的回答，恐怕太牵强了。

问？题

　　一郎君正在搭建多米诺骨牌。要让它呈 U 形倾倒，通常会像图中所示的那样，摆放时有一点点偏离直线。但是，一郎君不想使用这种方法，请问他能实现 U 形倾倒吗？

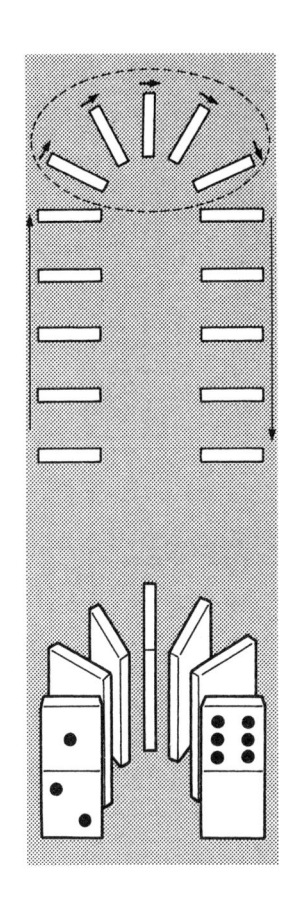

答案

能。例如，如图所示的方法。

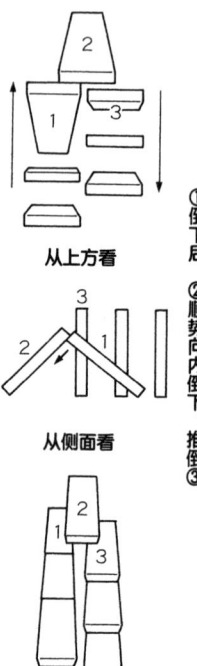

从上方看

①倒下后，②顺势向内倒下，推倒③

从侧面看

倒下的样子

☆来自银河的消息

这算是"了不起的头脑体操"应用篇。希望大家在现实学习和工作中，能不断涌现出新的创意。

问？题

距离地球数万光年的遥远星球上，住着一个富有正义感的富尔特拉曼人。他用超高性能的望远镜观察地球时，发现试图毁灭地球的芭莉芭莉星人正在大肆活动。富尔特拉曼人如果使用瞬间移动装置的话，仅需一秒就能到达地球。那么，他能阻止芭莉芭莉星人的破坏行动吗？

答案

不能。因为富尔特拉曼人看到的地球上发生的事，是已经过去很久的了。

☆来自银河的消息

太阳所在的银河系，据说直径大约为十万光年。即使以光的速度来行进，也需要十万年呢。

问?题

　　彩香小姐和百合惠小姐开启了她们的游轮之旅。突然，彩香说道："这里是地球上最高的地方呢。"百合惠小姐听得莫名其妙，但是经彩香小姐一解释，她也认为的确是这样的。请问这到底是怎么一回事呢?

答案

那个时间，船正好行驶到马里亚纳海沟的上面。马里亚纳海沟的最深部约为 11000 米，而世界上最高峰珠穆朗玛峰，为 8848 米。

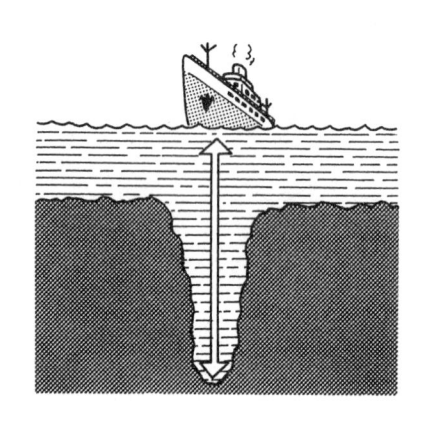

☆来自银河的消息

所谓海拔多少米，通常是以平均海面作为起点来计算高度。起点发生变化，数字自然也会发生变化。

问?题

彩香小姐饲养了两只猴子，分别叫一郎和次郎。如图所示，它们被铁链拴着。笼子是圆形的，一郎被拴在笼子的中心，铁链的长度为圆的半径；次郎被拴在笼子的圆周上，锁头可以在圆周上随意移动，铁链的长度同样为圆的半径。

一郎生病了，彩香小姐要给一郎喂加了药的食物。但是如果把食物拿在手中，一郎又肯不吃。为了不让次郎吃到，要把加了药的食物放在只有一郎能够得到的地方，该怎么办？

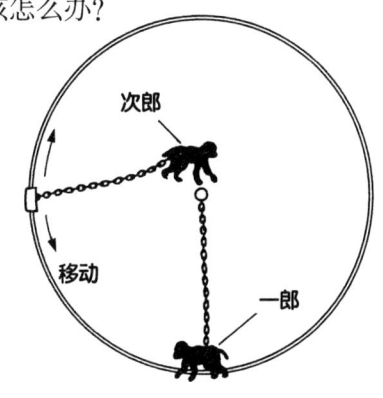

答案

如图所示，在中央搭建一个铒食台，把铒食放在上面即可。

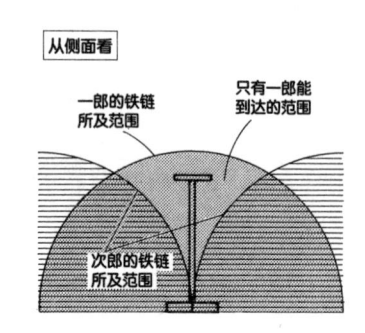

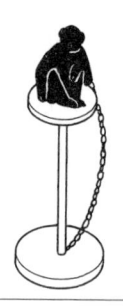

从侧面看

一郎的铁链所及范围
只有一郎能到达的范围
次郎的铁链所及范围

- ☆来自银河的消息
    和前面拴小狗的问题不同之处在哪儿？一看就以为是同类型的题目，那就糟糕啦。

问？题

　　白色和黑色的围棋子如图所示排列。想要把它们分成仅有白子和仅有黑子的列，最少要移动几个棋子？并且，每一列的棋子数必须相同。

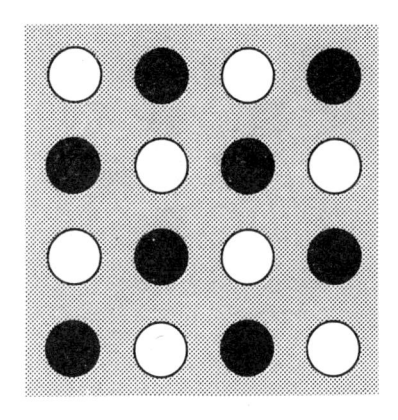

答案

4个。如下图所示。当然，移动方式不止一种。

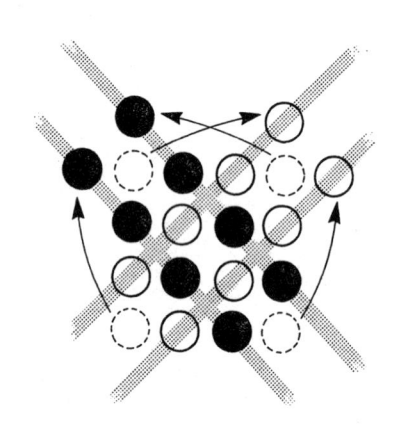

☆来自银河的消息

如果能用"斜向思维"来思考，这道题很快就能解出来吧。希望大家在看"了不起的头脑体操"系列书时，转换一下心情，从不同的角度去解读它。

问题

有一个国王,他有一位聪明的家臣。有一天,国王说:"在这个壶里,有大小、重量、手感完全相同的101颗石子,其中黑石子50颗,白石子51颗。把眼睛蒙上,从壶里取出任意多颗石子。如果,取出的黑石子与白石子的数量相同,我就赠你与取出的石子同样数量的钻石。"

家臣仔细想了想,小声对国王的侍卫说:"不要贪心,只取两颗出来就行。这样的话,有百分之五十的概率可以获得钻石。"那么,有没有比这更好的办法呢?

答案

在壶中只留1颗石头。用这种方法,虽然成功率仍然是百分之五十,但是如果成功的话,获得的钻石的数量就多得多了。

> ☆来自银河的消息
> 从50个东西中取出1个,或是留下1个,概率是相同的。

问?题

因斯坦博士发明了"清扫房间墙壁的扫地机器人"。在长宽均为 10 米的四方形房间的四角各放置了一个机器人。打开机器人 A 的开关，A 在扫地的同时，沿着墙壁行进 10 米后，打开 B 的开关，然后 A 自己停止。B、C、D 依次做同样的事情。

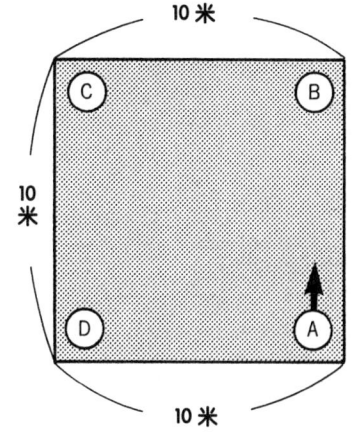

机器人清扫三遍以后，清扫完成。行进 10 米需要 30 秒，不考虑打开开关的时间，三遍清扫完毕需要多久？

答案

清扫完成不了。因为当D清扫完10米后，A不在那个墙角。

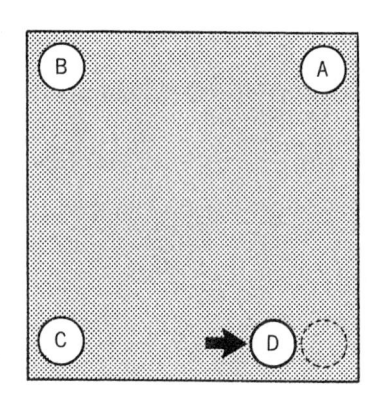

☆来自银河的消息

思维被数字绑架，尚未看清楚问题的关键就开始计算，最终只能一无所得。能不能先冷静地"等一下"？

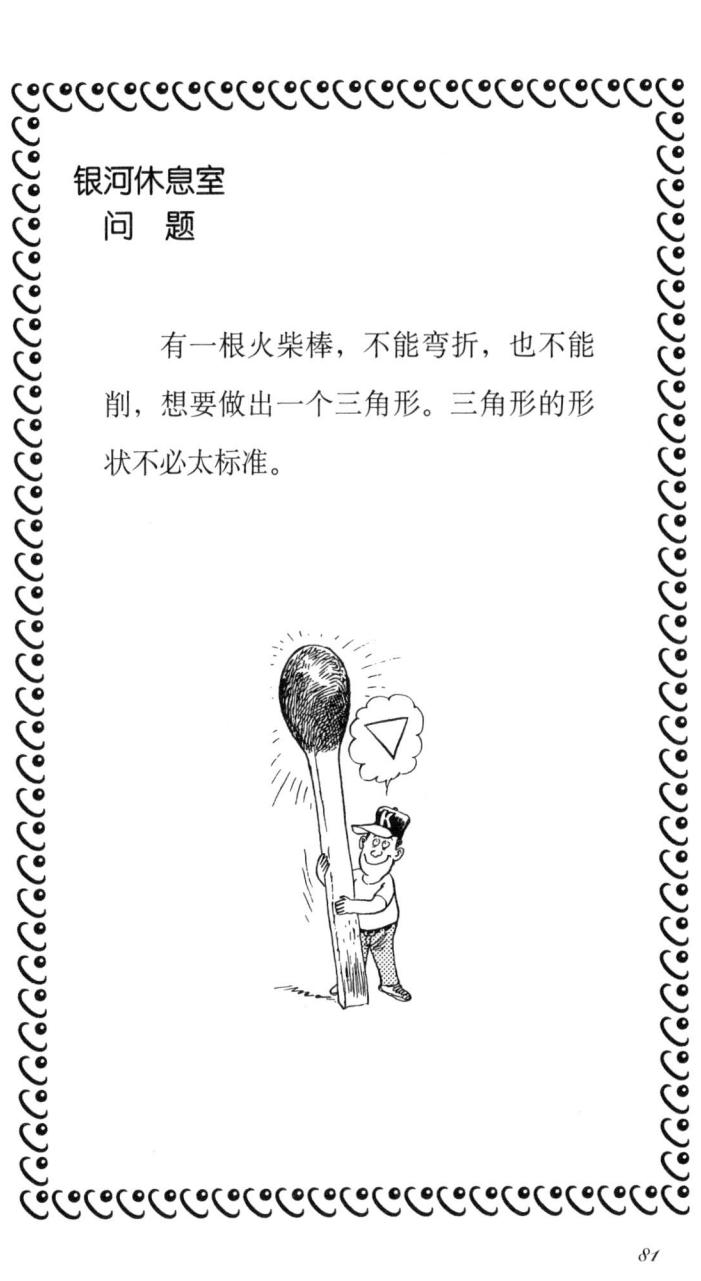

银河休息室
问 题

有一根火柴棒,不能弯折,也不能削,想要做出一个三角形。三角形的形状不必太标准。

银河休息室
　　回　答

　　将火柴点着，火焰形成了一个三角形。

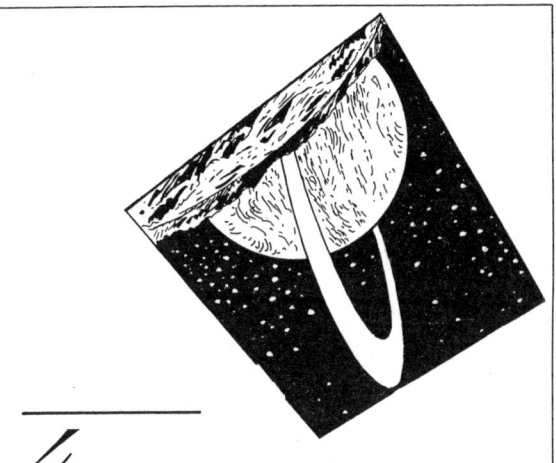

4.
闯入黑洞

||||||||||||||||||||||||||||||||||||||

宇宙中的黑暗天体——黑洞，拥有超级强大的重力，据说连光都绝对无法透过，称得上是终极的"陷阱"。

看起来没什么特别，实际上却如黑洞一般的陷阱并不少见，它们张开大口静待猎物落入其中。一旦落入陷阱，越是拼命挣扎越是难以脱身。这时，只有冷静、敏锐的判断，才是诸君的武器。

充分运用头脑的爆发力吧。

||||||||||||||||||||||||||||||||||||||

问？题

　　从同一年代的地层中，却发现了横跨数千万年的、几乎所有时代的动植物的化石。请问这可能吗？

答案

可能。

假设,发生了核战争之类的事情,人类灭亡了,数个世纪之后,挖掘出曾经的博物馆所在地,这样的情况就可能出现吧。

☆来自银河的消息

千万年可以看作是一瞬间发生的事情,从那以后,地球又过了 40 亿年,于是有了本题。

问？题

在JR的一条线路上，上行列车和下行列车，向着同一个方向行进的情况可能吗？当然，这部分不是单线的区间。

答案

距离东京越来越近的方向为"上行",距离东京越来越远的方向为"下行"。如图所示的从A到B的区间,上行列车和下行列车均可通行。

但是,如果好好审题的话,就会发现,这列车也是在双线路上运行。

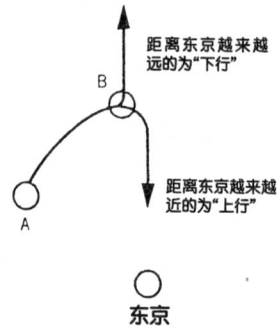

☆来自银河的消息

如上图这样的铁路线,在实际中是存在的。但是,知识有时也会成为现实的绊脚石。

问?题

几个大小、形状相同的物体排列在一起。有没有可能离自己近的东西看起来小，而离自己远的东西看起来大?

答案

如图所示，使用镜子的话，就能达到那样的效果。

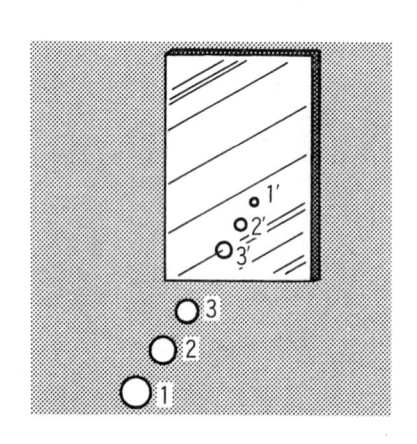

> ☆来自银河的消息
>
> 　　镜子里会产生许多不可思议的现象，改变视角也是件很有意思的事情呢。比如，面向镜子的时候，为什么左右是相反的，而上下却不颠倒呢？

问?题

想把一张正方形的纸折成正六边形。折的次数要尽可能少，该怎么做？边的长度可以用直尺等工具辅助测量。

答案

如图所示，只要折五次就可以。

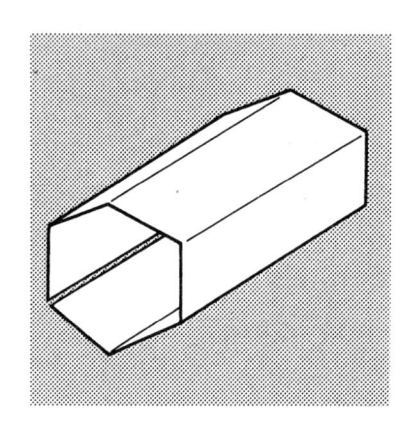

☆来自银河的消息

想在正方形的纸的四个角上动脑筋，是无论如何也折不出正六边形的。这时，不妨让思维发散一下吧。

问？题

有的人很期待春天、秋天、冬天，但一点儿也不期待夏天。这到底是怎么回事呢？

答案

因为他在常夏的国家。

☆来自银河的消息

在一年四季都是夏天的国家,没有人会特别盼望夏天的到来吧。这是那片土地特有的文化,是特殊环境造成的。

问?题

约翰看了下边这张图，说了以下的话。

"这张图一眼看上去是杂乱无章的线条，但我可以一笔把它画出来。"

请问真的能做到吗？

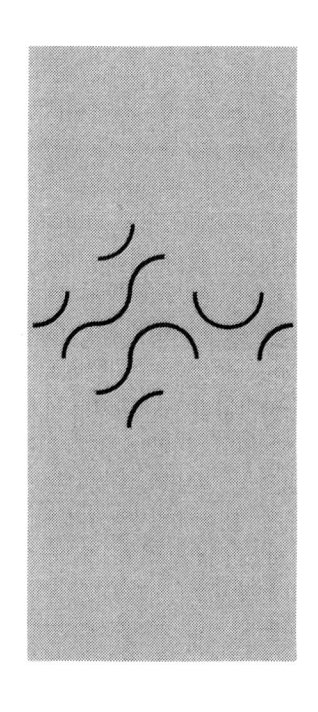

答案

能。右图为展开图,将其折叠,折成一个立方体,就能一笔画出来了。

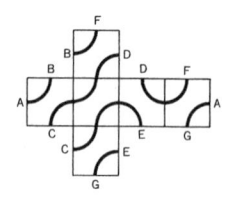

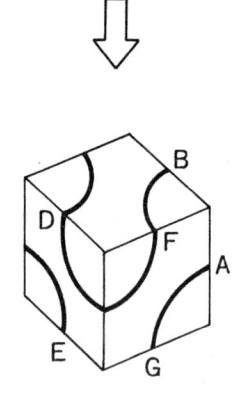

☆来自银河的消息

　动手折一个立方体试试吧。

问?题

如图所示，由直线 AB 和 BC 组成的角，用没有刻度的直尺将它三等分，该怎么做？

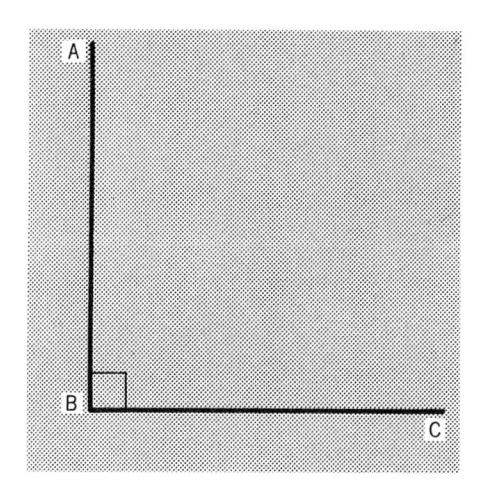

答案

将外角进行三等分。

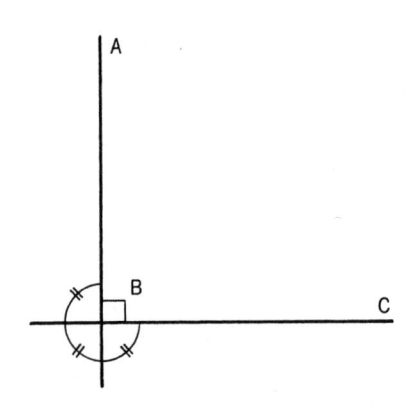

☆**来自银河的消息**

　　角,分成内角和外角。一说出来就恍然大悟:"原来是这样啊!"但是这样的思考如果在现实中不能独自完成,还是没有意义的。

问？题

吝啬出了名的小博君，他的袜子破了洞也不扔，他总是把两只袜子套在一起穿，只要看不见洞就行。但是，如图所示的两双袜子，其中三只袜子的破洞几乎在相同的地方。他能做到把两只套在一起穿上，并且看不到破洞吗？当然，袜子还是要正常穿的，袜跟的部位不能挪位。

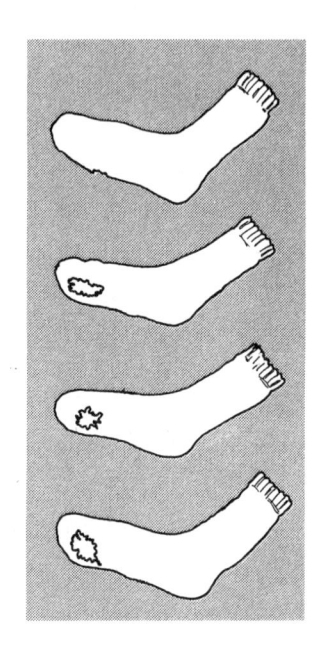

答案

将其中一只翻过来穿就行。

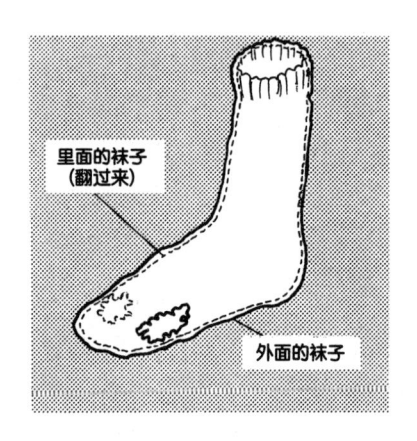

里面的袜子
（翻过来）

外面的袜子

- ☆来自银河的消息
  这可是曾经的单身男性总结出来的一道生活智慧题。一看就知道答案的人，或许曾经经历过同样窘困的生活吧。

问？题

如图所示，纸上画有很多小点。能不能画一条线，使这条线到每个小点的距离相等？

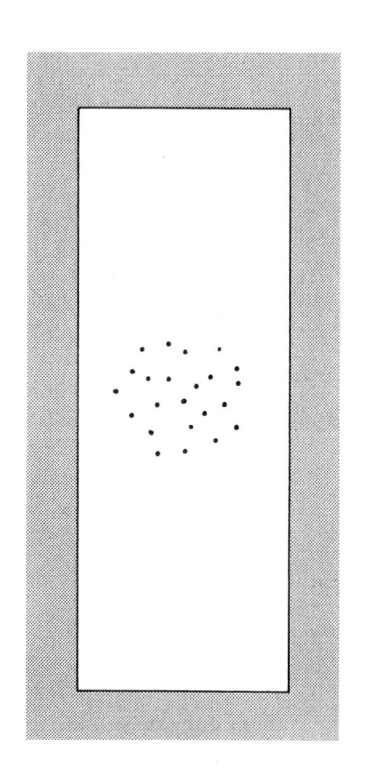

答案

可以，如图所示，将通过圆筒中心的竖线从头画到底。

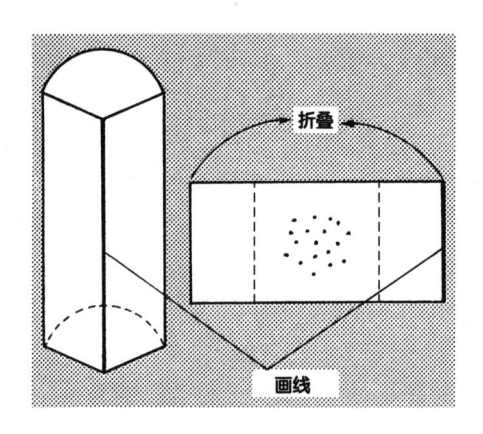

☆ **来自银河的消息**

纸的两端空白处，是解决本题的关键。读者们注意到了吗？

问题

齐藤先生乔迁新居。他想在墙壁上贴三角形的瓷砖。可是收到货一看,卖家发错了,发来的是如图所示的正方形瓷砖。齐藤先生很生气:"我讨厌四边形!为什么不能给我三角形的?!"如果重新定做的话,会大幅拖延预定的工期,很不现实。那么,有什么办法能够熄灭齐藤先生的怒火吗?

答案

将瓷砖作立体拼接，如图所示黏合，就能拼出三角形的连续图案了。

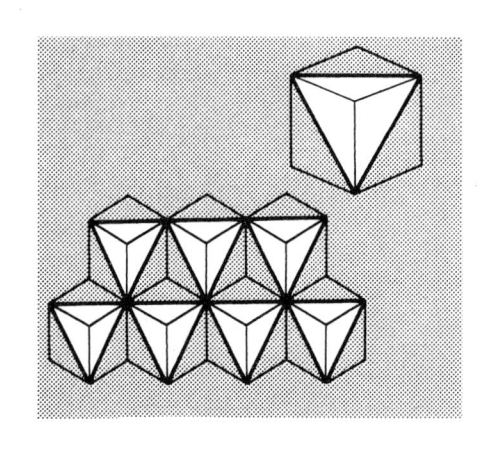

☆来自银河的消息

还是空间想象力的问题。看到"墙壁"这个词，只能想到平面的墙壁，这样的人需要加强想象力的"深造"哦。

银河休息室
问 题

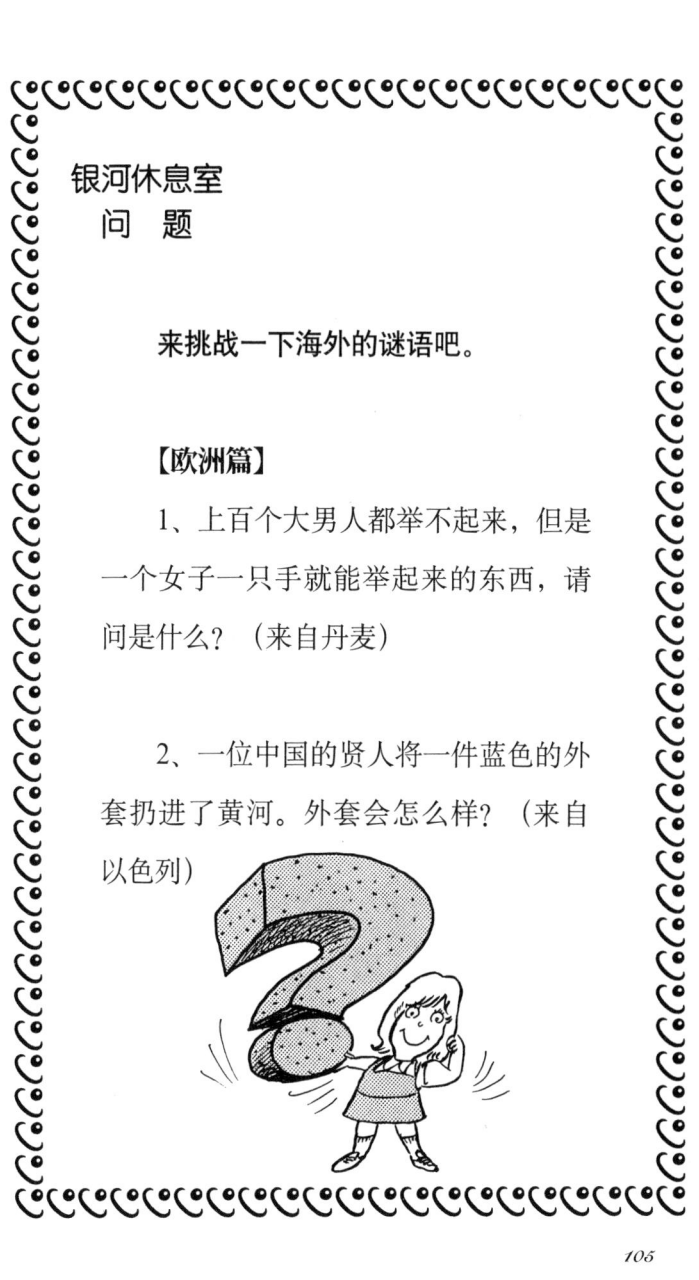

来挑战一下海外的谜语吧。

【欧洲篇】

1、上百个大男人都举不起来,但是一个女子一只手就能举起来的东西,请问是什么? (来自丹麦)

2、一位中国的贤人将一件蓝色的外套扔进了黄河。外套会怎么样? (来自以色列)

银河休息室
回　答

回答1 鸡蛋（一个鸡蛋，上百个人是举不起来的）。

回答2 外套湿了。

5. 十万光年的跳跃

人类以超乎预想的速度，一次次将曾经以为不可能的梦想实现了。现在，银河旅行、超光速的空间移动只是停留在空想层面上，但在某一天一定会实现。

在困难面前，当你觉得那是不可能做到的、打算放弃的那一瞬间，它实现的可能性便变成了零。

一眼看上去似乎完美无缺的创意，不实际探求一下，也是无法实现的。答案也是如此，如果不是凭借自己的能力得到的，则毫无意义。

问？题

罗宾逊被海盗掳走了。海盗说，如果罗宾逊能在既不用任何支撑物也不让鸡蛋破碎的前提下，让鸡蛋能竖着转起来，就放他走。他尝试了好久都无法成功。突然，他心生一计："请让我再试一次。"然后他就消失不见了。大约十分钟后，他重新出现在海盗们的面前，成功地让鸡蛋竖着转了起来。请问，他是怎么做到的?

答案

他把蛋煮熟了,然后把鸡蛋放在桌面上竖着转,鸡蛋就转起来了。

☆ 来自银河的消息

不知道怎么解答的人,用熟鸡蛋和生鸡蛋对比试验一下,马上就能明白。

问?题

某国国内 X 州的肺病死亡率是该国最高的。但是，这个州又是该国国内空气最好、最卫生的，文化程度也是最高的，无论如何也不应该是肺病多发的地域。

那么，这种奇怪的事情有可能发生吗?

答案

X州是治疗肺病最适宜的场所,有很多肺病专科医院。从全国来此的重症患者非常多,有的最后在这个州死亡了。

☆来自银河的消息

"某个地区,人口年年减少,医生却在不断增加,这是为什么?"答案是,这里是医生之类的高收入者退休生活的最佳场所。

问？题

某个杂志的编辑部里，收到了一线记者用传真发来的报道。但是，有几个文字模糊不清。看不清楚的那几个字，是什么字呢？

"在这里，有十名男女围坐成一圈。其中，只说真话的真话村的人有（　）人，只说假话的假话村的人有（　）人。我试着问了他们一个问题，所有人都回答说：'我的右边是（　）村的人。'"

答案

五、五、假话。

两个村的人间隔而坐。

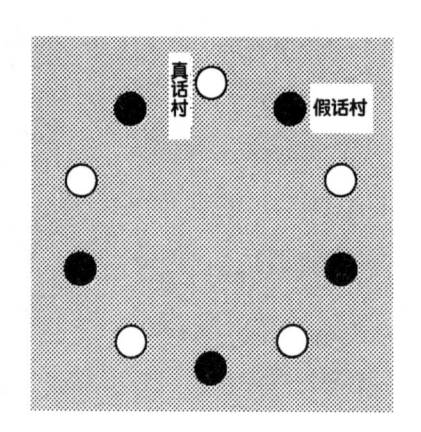

☆来自银河的消息

稍稍较劲一点儿的人，或许会回答"十、〇、真话"、"〇、十、真话"。但是，会报告"〇人"的记者，应该不存在吧。

问?题

小香姑娘非常想去海外旅行，但是她的父亲怎么都不答应。

"从东京到大阪就够远了，这两地之间找个地方旅行也很开心嘛。"父亲说。

"只要位于东京到大阪连接起来的直线上的地方都可以是吧?"小香问。

"嗯，如果那样的话，都可以。"父亲回答。

小香大喜，提着箱子就出发了。那么，她到底去了哪儿呢?

答案

父亲同意她去位于东京和大阪中间的城市，但是，位于地球背面，同时又介于东京和大阪之间的，是南美。她去了那儿。

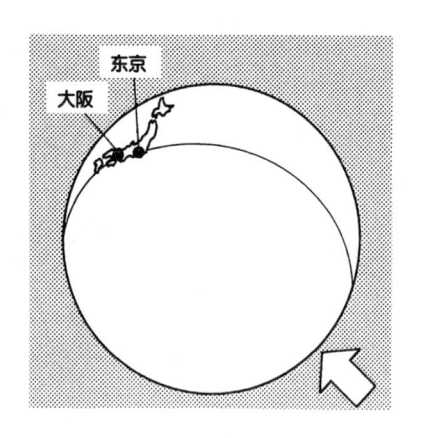

☆来自银河的消息

虽然"国际化"这一词早已有之，但是小香才是"地球村"的实践者呢。

问？题

真也君打算画一面独特的小旗子。他用3种图案，如下图那样给旗子做装饰。边框处用线隔开，并保证两种同样的图案不会相邻。那么，他能画出多少种旗子？

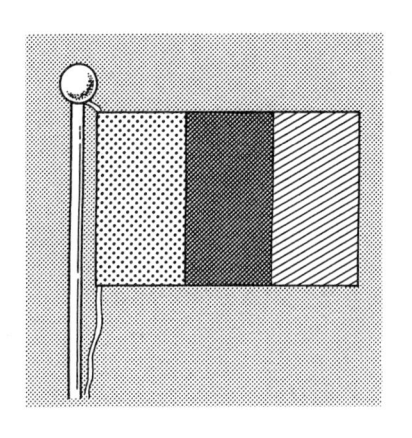

答案

36种。

A、B、C 3种图案，以及空白D，可搭配出以下这些种类的旗子。

A在最左端时：

ABA，ACD，ABC，ADA

ABD，ADB，ACA，ADC

ACB （9种）

B在最左端、C在最左端、D在最左端时，各自可以组成9种，因此，9×4=36种。

> ☆来自银河的消息
> 　　有没有注意到空白的情况呀？如果注意到的话，剩下的就只是单纯的计算啦。

问？题

在某个派对上，一名来自阿拉伯的国王得意地吹嘘："我家里光游泳池就有三个。要走到我最喜欢的那个泳池，走上二百米都不止呢。"一个叫铃木的日本人听了以后，说："我在家里的时候，到我最喜欢的浴池去泡澡，要走三百米呢。"铃木看上去不像是那么有钱的人呀，他说的话是真的吗？

答案

真的。铃木最喜欢的浴池,是公共浴室中的浴池。

> ☆来自银河的消息
>
> 即使听到的是同一件事,持乐观态度的人和持悲观态度的人思考问题时的角度也是完全不同的。铃木的思考,可说是相当乐观的那种呢。

问？题

一名间谍在 X 国遭到逮捕。在一个装有隔音装置的房间里，他被蒙上眼睛，身体被绑在椅子上，自己不知道到底是面向东南西北的哪个方向。之后，他被带到了另一个房间，审讯结束后，回到了之前那个房间。他的眼睛仍然被蒙着，椅子转了好多圈，但他意识到现在和之前面向的不是同一个方向。请问这是为什么？

答案

因为他现在是面向上（或者下）。

☆来自银河的消息

因为问题中出现了"东南西北"这样的词，想必有人的脑筋也因此被困住了吧。

问？题

阿尔法国的梅卡博士说："在我们国家，只有25摄氏度的时候，用这把尺测量出来的长度，才是物体的正确长度。一旦温度变化，尺的长度就会发生变化，此时要测出物体的正确长度就很难。"次郎君听了以后，说："博士，用那把尺，我可以正确测出这个物体的长度。"请问他能测出长度的物体到底是什么？

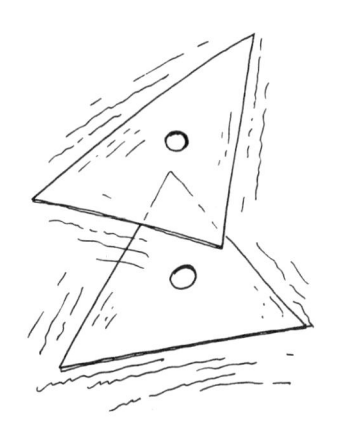

答案

是和这把尺材质相同的物体（膨胀系数也相同）。

☆来自银河的消息

虽说是把尺，但并不可靠，是本题的前提。这个世界上的很多东西被认为是绝对的，但其实只不过是相对的。

问？题

　　一座城堡中，有一个宽大的庭院。庭院中有两个花坛，一个花坛里开满了小小的红花，另一个花坛里开满了小小的蓝花。城中的公主露出不满的脸色："好无聊呀！这个国家只有红花和蓝花吗？难道就没有其他颜色的花吗？"一个家臣答道："请给我点儿时间。明天，一定让您看到不一样的。但是，明天请在城堡的窗口处观看。"他不是给花儿涂色，请问他到底打算怎么做？

答案

他把红花和蓝花混合种植在花坛中,从远处(城堡的窗口处)看过去,便成了紫色。

- ☆来自银河的消息

  电视机的画面、杂志的彩色印刷等,也是采用同样的原理。

问?题

盛夏时节，太郎君打算出去旅行一周。他是个极易出汗的人，因此准备了几件替换衣物。但是如此的盛夏，他居然准备了五件冬装。他的脑袋是因为天气太热而被烧坏了吗？

答案

太郎君打算去澳大利亚旅行，日本的夏天恰是澳大利亚的冬天。

- ☆来自银河的消息
  题外话：我也曾在夏天的时候去澳大利亚旅行。在准备行李的时候没有考虑周到，只带了夏天的衣服。

问？题

太郎君做了一个奇妙的钟。普通的钟，长针和短针都在钟盘上转动，但是他做的这个钟，短针是固定不动的，长针和钟盘在转动。这个钟的长针转动一周和短针重合时，用了多少时间？秒数可忽略不计。

答案

65 分钟。再精确一点儿的话，65 分 27 秒后。

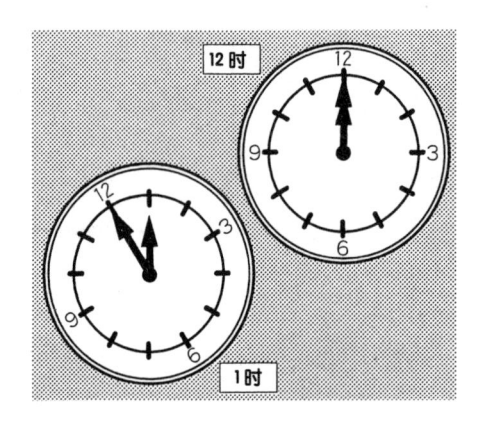

☆来自银河的消息

看了上图以后，应该能明白了吧。不要怕麻烦，画出这样的图来，就能直观地感受到了。

问题

X国的间谍去追赶盗走国家机密文件的Y国间谍。两个人的体内都装有跟踪装置，会把两个人的位置都传输到两国间谍组织的雷达上。现在，X国的指挥官看到，Y国的间谍位置几乎没有发生变化，而X国的间谍已经越来越接近他了。"快，加油！"指挥官说。而X国的间谍却传来消息："没用了，敌人已经离我越来越远了！"请问到底发生了什么？

答案

　　Y国的间谍乘坐直升机，在与地面垂直的方向，向空中越升越高。

> ☆来自银河的消息
> 　　即使是在地球上，用二维空间不能解决的问题也有很多。以上问题从雷达的缺陷处着手进行推理，应该很快就能找到答案吧。

银河休息室
问　题

来挑战一下海外的谜语吧。

【非洲篇】

1. 和人类最接近的动物是什么？（来自拉普族）

2. 出生时是两条腿。但从母体分娩出来时没有腿。请问母体和孩子分别是什么？（来自拉普族）

银河休息室
　回　答

回答1 寄居在人身体上的跳蚤、虱子。

回答2 鸡和蛋。

6. 遭遇异世界

旅行、冒险的乐趣在于异世界经常会冲击我们的固有常识。那种震惊带来的新鲜感，有助于缓解在日常生活中凝固、僵化了的头脑。

试试看，将自己置身于能使五观敏锐起来的、从未见过的、完全陌生的场所之中，一定能让你有新的发现和感动。

但是，因为所处的是陌生世界，所以无法预测会发生什么。

期待大家细心观察，大胆行动。

问？题

这是哲男君去 W 国时发生的事情。W 国的米先生拿着一根直径约五毫米的金属管，说："我们国家的水管，使用的就是这个。"

"这个，水流很小的吧？"哲男君说。

"才不是呢，一分钟可以流过十吨以上的水呢。"

"是吗？那得把许多根捆在一起吧？"哲男君问道。

"不是哦，就这一根。"对方回答道。

那么，这到底是怎么回事呢？

答案

如图所示，这样使用就能做到。

☆来自银河的消息

　　风俗、习惯等随着地域不同、国家不同，是完全不一样的。哲男君以为水只能从管子中流过呢。

问？题

田中先生每次都会向他店里打工的学生赠送纪念品。纪念品共有六个，装在同样大小的盒子中，以"A"到"F"标记。

"你可以根据自己的喜好，选择自己喜欢的东西。A中装着的东西最贵，以下B、C、D、E、F依次越来越便宜。但是，除了自己选中的那个盒子，不可以触碰其他盒子。"田中先生做出如上说明。

但是，无论知不知道每个盒子中装的是什么，在他店里打工的学生到现在为止都没有人选择过A。请问这是为什么？

答案

因为盒子是如图所示摆放着的。

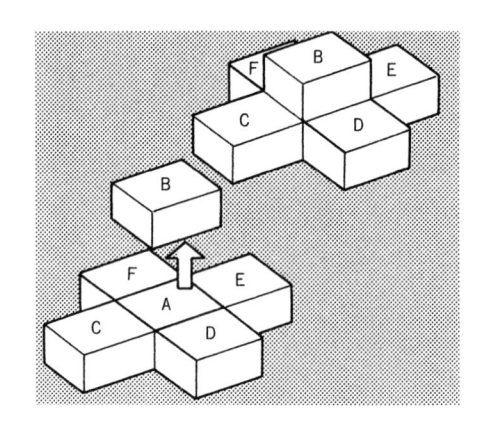

☆**来自银河的消息**

从问题中可以知道，不触碰其他盒子就无法拿到 A 盒。那么剩下的，只需要考虑如何摆放 A 盒的位置就可以了。

问？题

日本的警察无论怎么认真对待，也无法调查出来的事情是什么？

答案

犯罪的成功率。

☆来自银河的消息

既然是调查,就是建立在统计的基础上的。当然还能想到其他的答案,但这个答案应该是最能被接受的吧。

问？题

从这个等式中取走一根火柴，使等式成立。

答案

取走图中"6"的一根火柴,将等式倒过来看就可以了。

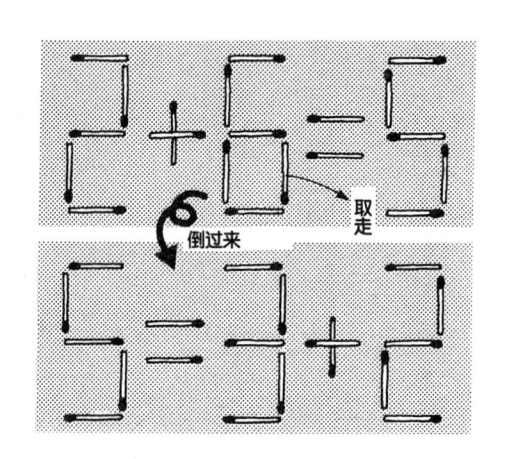

☆来自银河的消息

行进至此,想必很多人的头脑里已经积聚了相当多的疲劳了吧。因此,来点非常规性的问题,给大家调整一下。

问？题

太郎君的家和花子的家仅仅相隔了二十米左右，两个人从窗口探出头就能说话。

太郎："我有很好吃的蛋糕，你来吃吗？"

花子："不行啊，我在等一个电话，大概还有十分钟电话就会打过来，来不及接呢！"

请问这种情况可能吗？

答案

可能。他们俩都住在高层住宅的最上层。

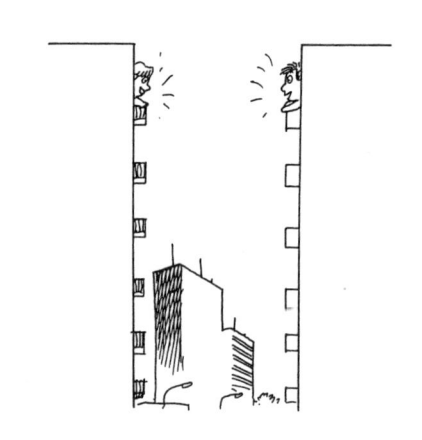

☆来自银河的消息

"十分钟"这一时间,是个干扰项。即使想到十分钟吃不完一块蛋糕,也没有抓住本题的重点。

问？题

哲也君喜欢乘坐手划船。但是，他今天乘坐的这条船越划越慢。他拼命地划啊划，船竟然停止不动了。这到底是怎么回事呢？

答案

他逆水流方向划船,而且今天的水流速度越来越快。

> ☆来自银河的消息
> "速度"究竟是什么?这对冷静下来思考的人来说,应该不是什么难题。哲也君拼命划船所付出的努力,并不能决定他的速度快慢。

问？题

某一个炎热的夏日，为了让跷跷板与地面保持水平，在它的左右两端各放上了一块冰块。过了一段时间之后，跷跷板开始向一边倾斜。

可是，跷跷板的两端能照射到同等的太阳光，冰块的重量、形状也一样，冰块也没有发生滑落之类的情况，为什么会发生倾斜呢？

答案

跷跷板是以如图所示的状态保持平衡的。因此冰块融化之后，就无法再保持平衡了。

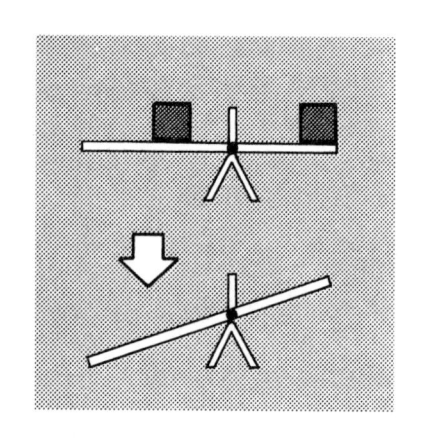

☆来自银河的消息

这道题就看能不能突破"跷跷板在没有放置任何东西的时候是两边平衡的"这一常识了。

问？题

A刑警正在追赶一个犯人。在S站的一号站台，一列列车马上就要启动。A刑警刚踏上站台，就看见犯人正踏进相邻站台上正在启动的列车。但是，穿过地下通道到达对面的时间已经不够，因此他跳上了眼前正在启动的列车。A刑警乘坐的列车，沿环线内圈运行，而犯人乘坐的列车则为外圈运行。这两辆列车几乎同时发车，以完全相同的速度运行，途中不停车，各自沿环状线运行半周后，恰巧停在对面的车站。A刑警想，正好利用内圈的时间差，通过楼梯到达对面站台，等对面的列车进站时将犯人抓获。那么，他的计划能顺利实施吗？

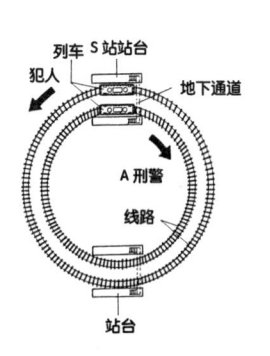

答案

无法顺利实施。

因为内圈运行和外圈运行看上去好像有距离差,但实际上几乎没有差别。

即使是如图所示大如地球的圆,半径相差 1 米的外侧圆周和内侧圆周,也仅仅相差了 6.28 米。因此利用内外圈运行的时间差,要穿过楼梯抓捕犯人几乎是不可能的。

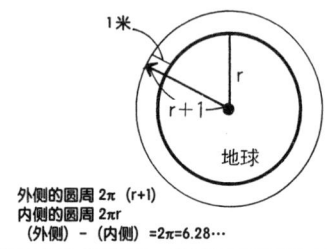

外侧的圆周 2π(r+1)
内侧的圆周 2πr
 (外侧) − (内侧) =2π=6.28…

☆来自银河的消息

即使看上去似乎知道答案,也要等一下,不要马上回答,试着寻求一下切实的证据。

问？题

魔术师X先生对一位观众说:"这个袋子里有三个球。这些球的材质、大小、颜色一模一样,当然,摸上去的手感也并无差别。我把眼睛蒙上,你从这个袋子里取出一个球,然后再把它放回去。我能猜出你取出的是哪个球。"这个魔术师说的话,有没有什么奇怪之处呢?

答案

以这个条件来说,魔术师 X 先生猜的那个球,是不是被取出的那个球,没有观众能确认。

☆来自银河的消息
大家会把注意力集中在他是怎么猜的,而忽略了这个前提本身就是有问题的。

问?题

容积为100cc^①的容器里装了100cc的水。水结成冰后，体积增加了一成，结成了110cc的冰。然后，将溢出容器部分的冰块削去，让剩余的冰块重新融化成水，体积为减去一成之后的90cc。这段话有没有什么奇怪之处？

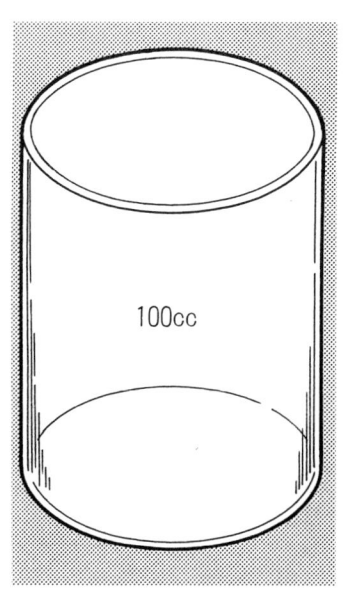

---

① cc是体积单位，为立方厘米。

答案

　　100cc的冰融化之后变成90cc的水，是错误的。100cc的冰融化之后为91cc的水。被削去的10cc的冰融成9cc的水，合计110cc的冰融成100cc的水。

☆来自银河的消息
　　增加一成之后再减去一成，两次的基准量是不同的。

问？题

要在周长为 200 米的池子周围栽种樱花树。相邻两棵树之间的间距相等，树木与树木之间的距离不能超过 15 米。要满足这样的条件，最少要栽种多少棵樱花树？

答案

两棵。

比如说，池塘的形状为下图所示的样子时，只要两棵就能满足条件。

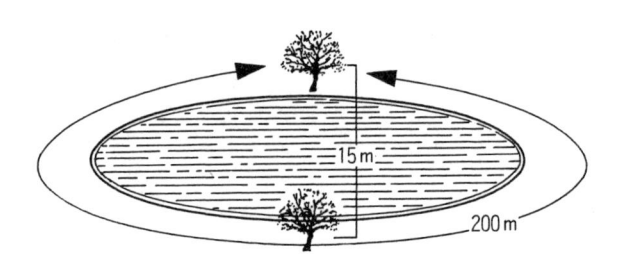

15m
200m

☆来自银河的消息

问题中故意隐藏起来的条件是什么？是池塘的形状吧。

问?题

　　山口老师在算术课上，面对37名学生说了以下的话："我'啪'地一拍手，想站起来的人站起来，不想站起来的人坐着不动。如果站起来的人与坐着的人的差为奇数的话，我们开始考试。如果是偶数的话，我们就下课……"那么，结果会是什么样的呢？

答案

百分之一百是要考试的。"37"本身是个奇数,分成两个数的话,它们的差必然也是奇数。

☆来自银河的消息
37人的情况下,其结果一定是奇数。数学好的人,马上就能知道答案吧。

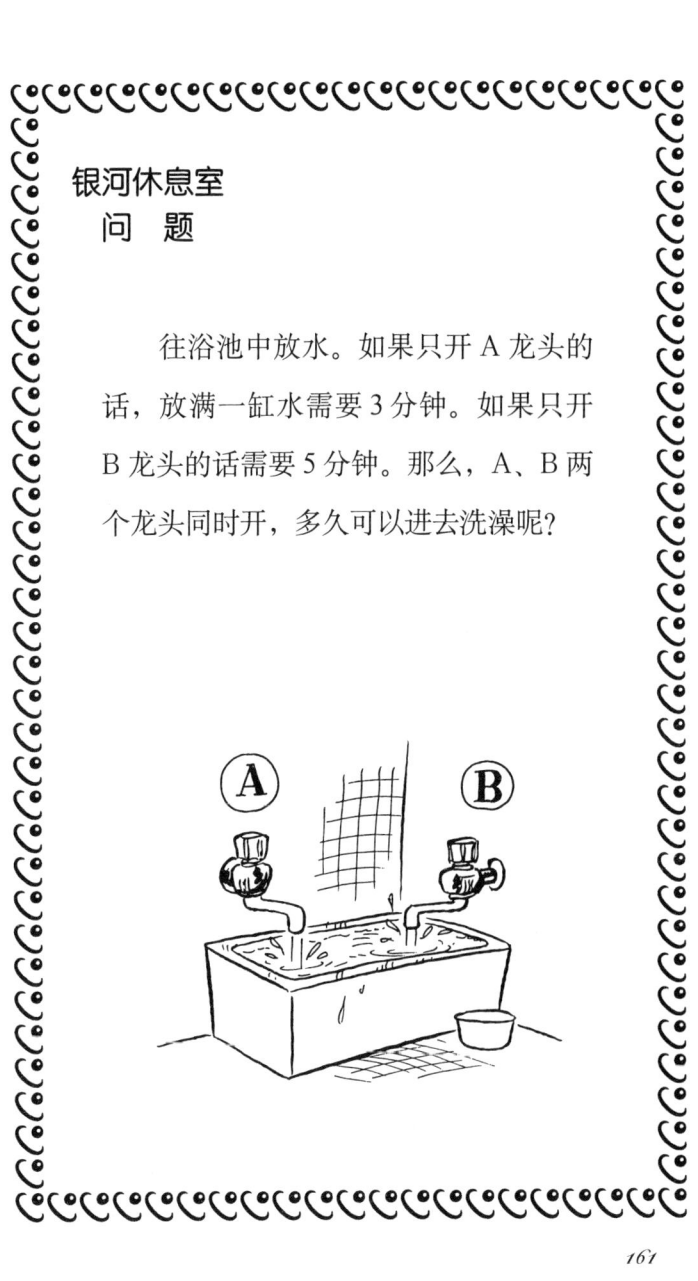

银河休息室
问 题

往浴池中放水。如果只开 A 龙头的话，放满一缸水需要 3 分钟。如果只开 B 龙头的话需要 5 分钟。那么，A、B 两个龙头同时开，多久可以进去洗澡呢?

银河休息室
回　答

大概要 20 分钟以上吧，无论如何，水不烧开的话是没办法进去洗澡的呀。

7.
从银河归来

||||||||||||||||||||||||||||||||||

恭喜各位有惊无险地将银河冒险之旅行进至此。终于,我们准备回归地球啦!

但是,千万别放松。从现在开始,才是最大的难关呢。

要应对本章的难题,需将从第1章到第6章的冒险中掌握的一切脑力全部发挥出来哦。

不要急着踏上归途,请大家一题一题认认真真地思考。我在终点等待各位"了不起的头脑体操"优等生的抵达。

||||||||||||||||||||||||||||||||||

问？题

如图所示，一黑一白两根柱子的中间拉着一根绳子，绳子中央系着一个蝴蝶结。白色柱子被围在一个圈内。现在，想要把这个圈从白柱子这儿移到黑柱子那儿，但不能让圈通过那个蝴蝶结。如果圈的大小可自由伸缩，请问将它从白柱子这儿移动到黑柱子那儿可能吗？

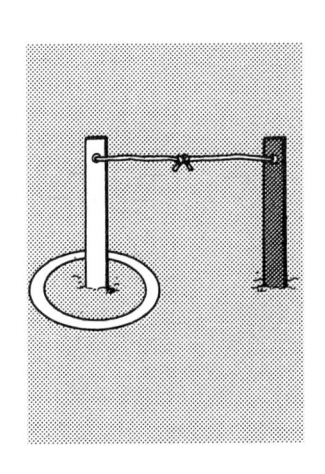

答案

可能。从地球的另一侧绕过去。

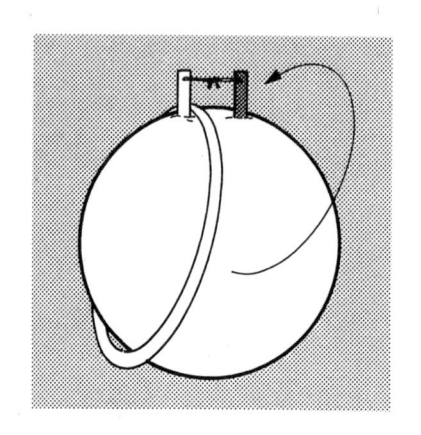

☆来自银河的消息

再次登场的关于地球尺寸的联想,还需要理解"圈的大小可自由伸缩"这一条件。

问❓题

Z国的国王对小博君说:"这里有四块板,是按10000∶1的比例缩小了的土地形状。你可以做任意拼接。拼接出来的黑色线内侧的同样形状的土地,赠送给你。但是,黑色的线不能切断。"

"啊,不管怎么拼都是同等面积嘛。"小博君判断道。于是,他拼接出了如下的图形给国王看。那么,他的判断正确吗?

答案

不正确。如图所示,他能获得更大面积的土地。

☆来自银河的消息

看到一个形状之后就不再思考有没有其他形状的人,还是偷懒了哦。

问题

某个国家从 A 站到 B 站的铁路发行了两种优惠票，一种是次票（可以乘坐 11 次），一种是月票（一个月之内不限乘坐次数），两种票价相同。这么听起来，应该是买月票比较合算，但奇怪的是，几乎所有人都会买 11 次的次票。这到底是怎么回事呢？

答案

因为从 A 站到 B 站，一个月之内最多只发 10 趟车，也就是说最多只能坐 10 次。或者，从 A 站到 B 站的来回就需要三天以上。

☆来自银河的消息

住在大都市的人，总觉得相邻两站的地铁无非几分钟路程。但是在世界上，也会存在本题中所说的那种铁路吧。

问？题

春信君在森林里爬树的时候，发现了一件很有意思的事情。这里有A、B两棵树，当他爬到A树的树顶时，向北侧斜上方看去能看到B树的树顶。但是，当他爬上B树的树顶时，向北侧斜上方看去，居然也能看到A树的树顶。这是怎么回事呢？

答案

B树的情况如图所示。

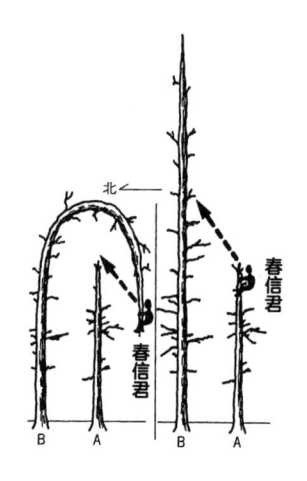

☆来自银河的消息

"能爬上去的树,就不会是柔软弯曲的树",我们的思维是不是被这种常识束缚住了呢?首先,从怀疑常识开始。

问？题

这里有三个等式。那么，C 的□里应该填什么?

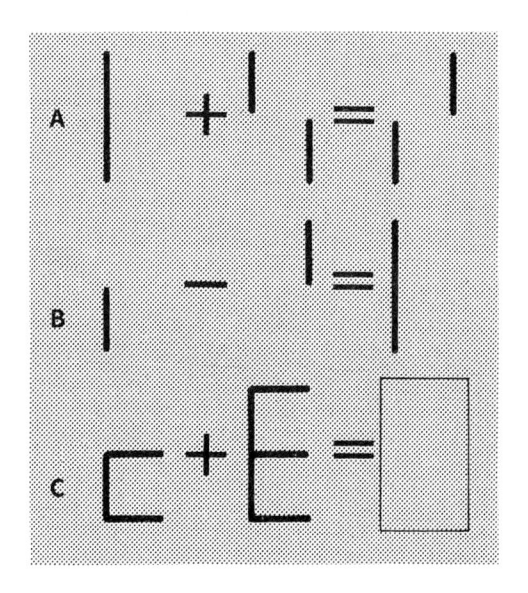

答案

什么都不用填。这些等式是数字式时钟显示某个数字时,不使用的部分显示而形成的。因此,A 的等式为 3+2=5,B 的等式为 9-6=3,C 的等式为 7+1,答案应为 8,因为显示数字 8 的时候,所有的部分都被使用了,所以空白才是正确的。

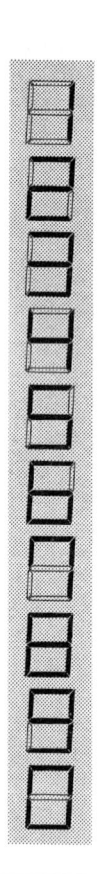

☆来自银河的消息

能不能注意到这些是"不使用的部分",是这道题的关键所在。

问？题

如图所示，用通过球体中心的平面将该球体截断时，因为截断的方法有无限种，因此截面也有无限多个。

那么，如果在球体表面指定两个点，用通过这两个点的平面将球体截断时，能有几个截面？

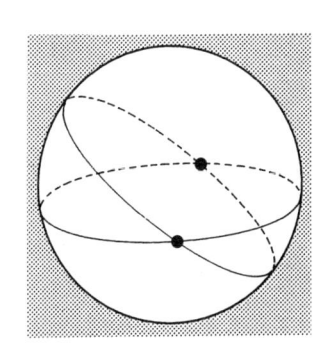

答案

截面只有两个。

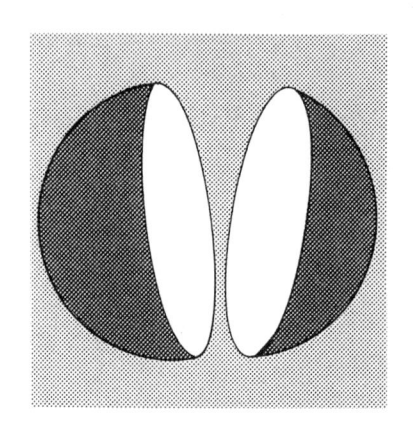

- ☆**来自银河的消息**
    这是一道考验你有没有好好审题的题。注意到"截断的方法"和"截面"这两个不同词的人,是注意力相当集中的人。

问题

某动物实验室里有一个巢箱，里面养着一只小老鼠。一天早上，P博士看到小老鼠的尾巴伸在巢箱的洞口外，胖嘟嘟的小屁股堵住了巢箱的洞口，一副想要拼命钻出来的样子。博士把它塞了回去。接下去的第二天、第三天，他都看到小老鼠用屁股向着洞口拼命钻。于是P博士得出一个结论：当老鼠钻出洞口的时候，都是屁股先钻出去的。博士的助手听了以后，哈哈大笑起来。请问他在笑什么？

答案

其实，这只小老鼠是已经钻出过洞了，被博士看到时，是它正重新钻回巢箱里，头和身子已经进去了，但屁股一时还没能塞进去。助手见到了整个过程。

☆来自银河的消息

仅凭自己知道的情况就轻易下结论，是很危险的。

问?题

处于工作状态中的四个人向他们的上司汇报情况。

A:"B 在我的前方作业。"

B:"C 在我的前方作业。"

C:"D 在我的前方作业。"

D:"A 在我的头顶上方作业。"

这种情况可能吗?

答案

可能。比如，在宇宙飞船中，以如下图所示的状态作业。

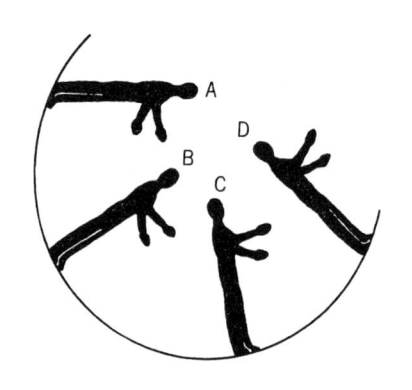

☆来自银河的消息
　你觉得还有别的哪些可能性，在脑海中罗列一下。

问?题

女大学生桃子想要去考驾驶执照。父亲说，如果她能解决下面这个问题，就同意她去考。

"汽车在如图所示的车道中行驶。但是，这辆汽车在转动方向盘的时候，只能先向右转动一次，然后再向左转动一次。之后依次向右、向左交替转动。直行的话没有限制。那么，这辆车从 A 地出发，开到 B 地的最短的线路是什么样的？"

请问，桃子怎样回答才能顺利让她父亲同意她去考驾照呢？

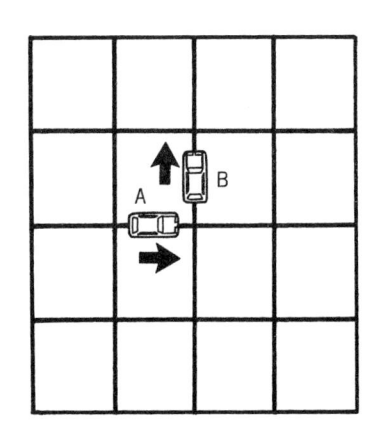

答案

如图所示，将车从A地点直行开到最近的十字路口①，将方向盘向右转动，倒车倒到②的位置，然后直行到B。当然，第二幅图，如果仅从行驶距离来说，也可称为最短。

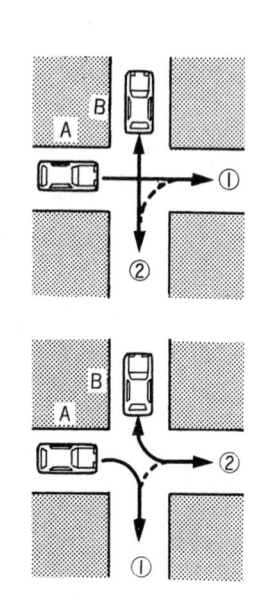

☆来自银河的消息

　　倒一次车，是本题是关键。不要一味想着格状路线。

问题

有一座自鸣钟，1点响1声，2点响2声，3点响3声……12点响12声。在一个伸手不见五指的漆黑的房间中，A刚刚醒过来就听到了钟声。他听到钟响了几声，但他无法确定在他醒来的那一刻听到的钟声是第几声，所以不知道是几点。他等了约1个小时，等到钟声下一次响起，这次他是从头开始数的，正好响了12声。

那么，A从他醒来听到钟声响起的那一刻，到他现在确认是12点，最长等待了多久?

钟响一下是1秒，钟声与钟声之间的间隔是4秒。在钟鸣声完全结束之后才能确认钟声响了几下。

答案

1 小时零 50 秒。

稍微思考一下会认为，从 11 点的第一声钟响开始数的话，需要花费的时间是最长的。但是，这种情况下，因为听到了 11 声钟声，所以 A 不知道这时候到底是 11 点还是 12 点。然后，当下一次钟声响起的时候，如果只响了 1 声，他就应该知道之前听到的是 12 点的钟声，如果响了两下，那现在正在响起的就应该是 12 点的钟声。

如果 A 听到的是 11 点的第二下钟声，那他应该听到钟敲了 10 下，所以无法确定现在是 10 点、11 点还是 12 点。因此，当下一次钟声响起的时候，直到 12 下钟声全部敲完之前，他都是无法确定现在是几点的。

同样，如果 A 氏听到的是 11 点的第三下钟声，

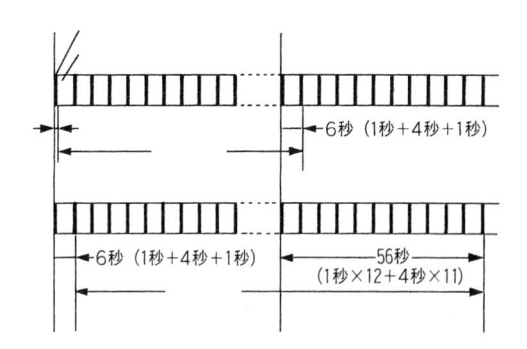

直到下一次钟声全部敲完之后才能确认现在是几点。这种情况下，当然，比听到的是第二下钟声花费的时间要少。所以，如上图所示，最长的等待时间为1小时零50秒。

☆来自银河的消息

　　本集将在12点钟声敲响之时全面收官，期待和大家的下次见面。